名家讲坛
MING JIA JIANG TAN

樊富珉 刘彦斌 等著

做有心人

BE A MAN OF HEART

人生规划、职场励志与理财13堂课

中央编译出版社
CENTRAL COMPILATION AND TRANSLATION PRESS

Contents 目录

规划你的一生

◇樊富珉
生涯规划与人生发展................ 3
◇傅可为
了解自己，规划未来................ 23
◇解思忠
知识·素质·能力................ 32
◇乔　良
解说"三十六计"................ 49

职业是舞台，也是战场

◇齐文昱
职业规划与就业................ 73
◇周卫中
创业：你准备好了吗？............ 88
◇孙欲晓
跨越彩虹——讲述职场心理......... 103
◇刘瑞璞
成功职场的形象与风格............ 114

理好钱才不缺钱

◇ 唐伟青
发掘您的理财潜能.................... 125

◇ 刘彦斌
理财有道 140

◇ 张　瑛
家庭理财之保险规划需求导航......... 160

◇ 郑润祥
家庭理财之如何投资黄金 175

◇ 张卫星
黄金投资正当时 192

规划你的一生

樊富珉　生涯规划与人生发展

傅可为　了解自己，规划未来

解思忠　知识·素质·能力

乔　良　解说"三十六计"

樊富珉

清华大学心理学教授,博士生导师,现任清华大学-香港大学心理辅导研究中心主任,中国社会心理学会常务理事等,主要研究心理健康教育与心理素质培养、团体心理咨询与心理训练、心理问题早期发现与危机干预等方面的问题。

生涯规划与人生发展

◆ 樊富珉

今天我讲的是个非常贴近生活的题目"生涯规划与人生发展"。我想先了解一下听众的背景,是学生的听众请举手,好,有这么多学生,这个课题和我们息息相关。是家长的听众请举手,谢谢,好像在今天的讲堂上家长和学生的听众占主要比例。

生涯规划最近几年越来越热、人们的关注越来越多,但对于广大市民来讲这个概念还是比较陌生的。我今天来讲三个问题:1.什么是生涯规划;2.为什么要做生涯规划;3.如何做生涯规划。

我先从高考讲起,高考结束后,很多考生和家长都在想如何报志愿。很多家长关心孩子,到学校到媒体去看哪些专业热门、哪些专业好找工作。尤其现在大学生毕业后就业形势不是那么乐观,所以大家更关心什么专业将来好找工作。这是社会现实,但仅从这个角度来考虑,往往忽略了孩子个人的兴趣、能力和志向,会带来孩子在发展上的困扰。选择专业、志愿应该是孩子自己的事情。现在是很多家长替孩子报,孩子考试后放松、去玩,这也是中国的一种现状。

其实每个人要把握自己的人生,应该从少年期开始,说得更具体、明确一点,应当从高考报志愿开始。

一定要选择和从事自己喜欢的专业

我想先给大家看一下我们学校一个大二学生写给我的一封信《心灵告白》,我择出一部分,来看看学生报志愿时对专业不明确、不了解,进入大学后带来的问题:

我在清华大学理工科读大二,我高考的分数并不是很理想,但我仍是跌跌撞撞地走进清华,这让我及周围所有的亲人都兴奋了好长时间,但进来不久我就发现一个非常棘手的问题,我并不喜欢自己的专业,当时报志愿时专业是班主任做的决定,我也不知道专业是什么概念、将来是做什么的,只是想着自己对清华的留恋。后来问题暴露出来,我对自己所学的东西并不感兴趣……不管当初我是如何走的这条路,我都要对老师对父母也要对自己负责,虽然这并不是我所愿,但除此之外我还能做什么呢?至少这样在某种程度上我还可以心安,每次放假回家,我都可以骄傲地告诉爸爸妈妈我的学习成绩很好,在班里稳居第二。看着他们忙碌的身影,日渐增多的皱纹,至少我还可以让他们感到欣慰……其实经过两年的学习,我也知道国家挺缺我所学专业方面的人才

> 了解自己探索自己,明确了自己的性格特点、兴趣爱好,以便调整好自己以后的路。

的,但我也知道虽然在这方面学习成绩挺优秀,但真正做起科研来,我并不是一个优秀的人才,我的成绩是自己努力的结果,是自己要对身边的人负责的结果,但是我并没有钻研科学的积极和灵感。我衷心希望同学们能在这块土地上耕耘出累累硕果,同时我也相信会有一片让自己施展才华的蓝天。这学期除了学您心理学的课之外,我还选了大学生生涯规划,进一步了解自己探索自己,明确了自己的性格特点、兴趣爱好,渐渐清晰了自己以后的路,通过测试我知道自己的职业趋向是心理咨询师、辅导师,我想像您一样,在大学的课堂上或者

课下帮助清华大学的学生调整自己，以便以后更好地适应社会更好的为国家做贡献，也让更多人健康快乐的生活。

我常常收到这样的信，不知道自己到底要学什么，当时家长、老师给定的专业，进来后发现不适合学这个专业，兴趣、能力、所长也不在这个地方。

另一个典型的例子给我们的启发更大。这个学生叫刘立早，曾经是浙江大学非常优秀的毕业生，没有上原报的专业，因为成绩的问题调配到化工系，这个学生5年学习成绩优异，推荐到清华大学来学习直接读博士生，叫直博生。这个学生学了一年，他在想他这样学下去这辈子要干什么，难道理想、期望就是要成为化工方面的工程师吗？想来想去这不是自己的职业理想，他的理想是当个城市的建筑师，由此他做了一个认真的决定就是退学，这是多少人不能理解的。他退学回到当年高考的学校，回到五年前的起点重新高考，最后如愿以偿考到清华大学建筑系本科，现在还在读。很多人对他的选择有不同的看法，社会上引起强烈的反响，有的人说他对，有人的人说错，有的人说他不懂事，不懂体恤父母的艰辛，因为读大学是要交钱的，父母省吃俭用供他读完大学，在清华读博士生，将来前景很好，为何选择重新读大学呢？有人也说他浪费教育资源。

在我看来这个孩子做出这样的决定，是人生发展中一个重要的一步，他勇敢地迈出来了。中央台曾经采访过他，他在思考究竟是在一个不喜欢的专业里面痛苦地挣扎还是在喜欢的专业里面快乐地做事。人生是有限的，人的精力也是有限的，我们不可能什么都做好、什么都能干，总有所长有所短。人们在选择未来职业发展的时候，选择自己擅长的、有兴趣的，那将有助于你更好地成长、更快地获得成功。他今年大学毕业，我相信他未来的人生会因为他自己的选择而更加精彩。

美国研究发现，一个人如何才能获得成功呢？94%的人是做自己擅长的、能干的、喜欢的专业，因为喜欢所以无需扬鞭自奋起，就有很大的动力。李开复是前微软公司的副总裁，是计算机IT行业的语音系统识别方面研究的专家，是计算机硕士、博士，现在是Google中国区的总裁，是在IT行业获得骄人业绩的科学家，也是一位出色的管理者。他在回顾时写了一本书《做最好的自己》，我建议大家看看这本书。他在介绍他的人生发展时有这样一段话："我刚进大学的时候想从事法律或者政治工作。"因为他考的是哥伦比亚大学，哥大法律系在全美排名第三，是非常有名的院系，他想从事法律，考上美国法律方面最好的学校。"一年以后发现我对法律没有兴趣，学习成绩也只是在中游，但爱上了计算机，每天疯狂地编程，很快引起老师同学的重视。大二的一天我做出一个重大的决定，放弃此前一年多在哥伦比亚大学法律系修成的学分，到计算机系重新开始。"很多人不理解他，告诉他改换专业会付出更大的代价，但他提醒自己，"人生只有一次，不应该浪费在没有快乐没有成就感的领域"，如果你对一个行业没有激情没有热爱没有兴趣，是不可能做好的。他庆幸自己在大二时做了这样的选择，当他做完选择转系后心花怒放、精神振奋，他对自己说以后必须门门课考A，没有人逼他，他自己逼自己，因为他既然选定自己要发展的专业，自己必须全身心投入，他说"若不是那天（转系）的决定，今天我就不会拥有在计算机行业取得的成就，而我很有可能只是在美国某个小镇上做一个既不成功又不快乐的律师"。

可见在一个人的职业发展过程中，专业、行业对人的影响有多大。当然我们不是说计算机就不好法律就好，不是这样的，因为这个社会、行业非常多，按照中国劳动部出版的《中国职业分类大典》记载，中国榜上有名的职业有1900多种，同时每年国家劳动部都要颁布一些新的职业标准，随着社会的发展、社会分工的多样化，越来越多、各种各样的行业问世了，大概几千种行业。你不可能都做到，要聚焦到擅长的、有兴趣的、可能去做的行业之中。

我辅导过一个计算机系的学生，以很高的分数考进清华，好像是某个省的文科状元，可以随便选择清华大学的专业。当时他也不知道计算机是做什么的，只听说计算机专业将来好找工作，所以选择了计算机，但学后发现不擅长、不喜欢，大二时开始逃课，逃课并不是出去泡网吧浪废时间，他知道时间非常宝贵，他把时间花到在图书馆看书。他的功课学不好，其他书看得再多知识再丰富，也毕不了业。后来这个学生有好几门功课不合格要补考，他的老师非常着急，当年的状元敲锣打鼓送进清华，再这样下去可能的结果是退学回家，他自己、家长、母校都不能接受。他的班主任让他到心理咨询中心找樊老师，他找我的时候非常苦恼，说不想学计算机，我说你不喜欢为何选择这个专业，他说原来不懂、爸爸妈妈说这个好就选择了，学了之后才发现不喜欢。他说他不是一个不爱学习的人，他在图书馆看法律方面的书，他只是对某些领域特别有兴趣对某些领域没有兴趣，我给他做了个职业测试，测出的结果是他最适合的职业是律师。最后我们讨论考研的目标，当时清华还没有法律系，他到政法大学找老师，那个老师看他聪明，又对法律有特别大的兴趣，指导他好好复习，说只要考上录取线就会要他，并告诉他计算机对法律专业也很有用。他明白了现在学习的东西对理想的专业和想从事的方向会有帮助，也愿意投入，一边准备考研究生一边把落下的课程补上。在他要考试的前夕，清华设立了法律系，因为他是有备而来，面试成绩优异被录取，学习很好还被派出国学习，最后成为大学法律系的老师，事业非常有成就，他非常快乐地享受自己的职业生活。如果当时他不来找我，如果当时没有别的办法，我不知道他的人生会怎么样。

> 现在从事的工作是我真正擅长、喜欢、是我愿意去投身的吗？如果你越早知道，就会越早投入到你喜欢的领域，越早享受职业带给你的成就感、幸福感。

　　选择职业就是选择未来的人生，并不是说只有大学生去考虑生涯规划。任何一个人任何一个成年人，都需要考虑：现在从事的工作是我真正擅长、喜欢、是我愿意去投身的吗？如果你越早知道，就会越早投入到你喜欢的领域，越早享受职业带给你的成就感、幸福感。

这个演员原来是北京外国语学校教法语的老师，是管理学方面的硕士，他将来的人生应当是什么样子的呢？很多人认为这个人应当是非常有学问的大学学者，或者是在管理方面做得很出色的高级管理人员。但他40岁的时候自己做了一个选择，就是转行到演艺界。很多人认为演艺界是吃青春饭的，年轻人投入到演艺界比较成功，他已经40岁了，再转行到演艺界行吗？结果是他演了几部戏，演一部火一部。很多人说这个人可以做学者做高级管理人员，为什么要去做演员呢？每个人有不同的职业价值观，每个人有不同的看法，我非常欣赏他，因为他终于做了自己快乐的生活，这是非常难得的。

在一个人的生命中，真正的快乐来源不外乎你的家庭、亲情、友情、爱情，还有一个就是来自于你的工作。如果一个人的工作没有任何快乐感，是很痛苦的，很难高质量地生活。

前些年下岗工人重新再就业，下岗并不等于是灾难，很多人获得前所未有的人生的新挑战，去想自己要做什么。大家可能都知道，举行APEC会议要穿当地民族有特色的服装，在上海举行的APEC会议上各国首脑穿着中国传统的唐装。很多人不知道制作这些唐装的公司老板是纺纱厂的下岗工人，下岗时刚刚30多岁，觉得自己无事可做、生活没有着落非常倒霉，不知道成就人生的领域在哪里。但他没有趴下，他去做市场调查，发现市场上中式服装需求很大但供应很少。他就找了几个伙伴弄了几个缝纫机在弄堂的过道里做中式服装，做完拿到市场销售非常好，发现这是一件可以做的事，贷款扩大投资。当时做APEC会议的服装，要做得非常精细，他的公司在多家竞争者中脱颖而出，因为他们是手工制作的，非常精细。中央电视台采访他，他说做梦也不会想到有今天，当年下岗时多么沮丧、多么自责、多么痛苦，觉得非常绝望,但现在回过头来看,那是绝望中的重生。

其实生涯规划与每个人都有关系,每个人都要考虑,不管是青年人还是在岗的有工作的人,我们都有一个困惑,我们在职业上到底能干什么、到底想干什么、我们适合干什么、社会上对人才的需求是什么、自己所学对未来发展到底有什么关联、在哪里能找到工作、我该不该择业、我该不该考研、我该不该出国、我该不该跳槽,所有的人都有这样的困惑。马克思在年轻时写过一篇文章叫《青年在选择职业时的考虑》,有这样的一段话,我非常喜欢,现在看来仍然是真知灼见。他说:"如果我们选择了并不胜任的职业,那么我们绝不能把它做好,我们很快就会自愧无能,并对自己说我是无用的人是不能完成社会使命的人,由此产生的必然结果是妄自菲薄。"马克思说在选择职业时遵循两个原则,一个是擅长另一个是社会的需要,把二者最佳结合去选择职业是每个人能够真正获得成就感、价值感的来源。

像我们这样年纪的人,当年我们没有选择的机会和可能,是计划经济,什么都是安排好的。当时我们只有一种可能,就是革命战士是一块砖,哪里需要哪里搬。每个人是不同的,即使你是一块砖,也得看你是什么砖。因为质地不同,就像我们每个人特点不同,你所适合的岗位也应该不同。如果盖大楼你用泡沫砖打地基,最后的结果只能是自毁,给社会带来损失也会给自己带来损失,只有花岗岩打地基是好的。把泡沫砖放到高层建筑房间之间做隔断,泡沫砖又轻又具有隔音效果。同样是一个人,每个人不一样,有的人擅长体育运动,有的人擅长美术、艺术,有的人擅长科研,有的人擅长做行政工作。如果岗位不适合你,你对社会对事业不会带来贡献,只会带来不良。要找你力所胜任的事业。没有人能胜任天下所有的工作,每个人总有弱点,总有自己不擅长的。我在清华读的是机械制造,出来应当做工程师,但我发现我不适合,我真正的兴趣不是机械不是设备,我的兴趣是人,我喜欢关心人、引导人、陪伴人、琢磨人,喜欢和人打交道,我擅长的工作不是机械工程师。我很庆幸在职业发展过程中，因为我学心理学，在国外留学时有机会审视自己，知道自己长在哪里、短在哪里、我应当学什么。我数理化不好，为了数理化过关要花费很大精力，但我很擅长外语，不用花多大功夫就可以学得很好。找你擅长的，如果不是这样，你只能自责。我非常喜欢我的工作，我每天都很高兴，哪怕很累，我也会乐在其中。但是如果做我自己不擅长的，比如我动手能力很差，但我学机械制造，有很多实习的课程，我每次都特别自卑，同学都做得特别好，我做出来后我自己就受伤了，做物理、化学实验每次我都受伤，我觉得学习很痛苦，觉得谁都比自己好，特别自卑。

人生只有几十年，越早找到擅长的领域越能成就对职业的满足感，能越早成功。

怎样找到自己适合与喜欢的工作领域

我们在职业生涯中怎么样去找自己适合、擅长、喜欢还有机会做的工作？这些问题就是生涯规划的研究，生涯有"方向"、"道路"的意思，是人一生所从事的工作以及他所承担的各种职务、角色，也涉及到非职业的方面。简单地说就是人一生的发展，包括职业内和职业外的。狭义的生涯指职业，广义的生涯包括职业以外的。选择职业就是选择一种生活方式。

职业生涯规划，是个人主动自觉地根据社会发展变化需求找寻自己的职业发展，设计自己未来职业的发展，且根据变化做出相应调整。是个人主动选择的过程，不是一锤子买卖，要根据变化不断调整，我们可以不断选择、发现、探寻。我10多年前在日本留学的时候，对职业表中的很多职业听所未听、闻所未闻，动产、不动产、股票、期货等等我从来都没有听过，大家看现在都有了，且现在又出现如精算师、电子商务师等很多职业。我们做选择并不是一辈子只有一种选择，而是根据变化不断去做选择。生涯规划是自动去设计、规划未来职业发展，涵盖职业发展，并且可以去调整。

职业生涯有四个特点：一、独特性。每个人都不一样；二、发展性。贯穿人的一生，随着人的成长慢慢形成终身性，一生都去面对这样一个课题；三、终身性。四、综合性。每个人的职业发展不一样，我们可以和别人比学习成绩比薪水，但没有办法去和别人比职业生涯，每个人的职业生涯是独特的，无需和别人做比较。有很多事情是不可以比较的，除了自身条件不一样，机会也是不一样的。

第一，独特性。

庄子《逍遥游》中的一个故事可以表现职业生涯的独特性。大鹏展翅十万八千里，小雀蹦蹦跳跳飞不高，小雀嘲笑大鹏一飞那么远，看我多自在想飞就飞想停就停。其实各自有各自的限制，每个人都有自己的特点，认识自己的特点，把自己的潜能发挥到极致，拥有自己的目标，欣赏自己的选择，不妄自菲薄不怨天尤人，就可以实现自己的目标。社会有很多分工，只要认识你自己，找到你自己感兴趣的，就可以乐在其中。我们经常和别人比，却忘记了自己真正要的是什么。如果说上大学之

> 每个人走自己不同的路，谁好谁坏没有具体的标准，做你想做的事，拥有你自己想拥有的人生。

前所有人的目标非常相似，高中生的目标就是考大学，比谁的成绩好比谁能上好大学比谁能上自己理想的专业，但进入大学后这个目标从此就分化了，没有什么可比的，有的出来当公务员有的出来当科研人员，是非常不相同的。有的家长说小孩考不上大学特别没有面子，但10年以后可能他笑得最开心，因为可能他觉得学习非常重要，出国回来发展。可能有的人做小买卖把事业做大，自己有自己的工厂实业，大学毕业后创业不见得有这样的机会和条件。上了大学之后没有什么可比的，每个人走自己不同的路，谁好谁坏没有具体的标准，做你想做的事，拥有你自己想拥有的人生。只要拥有自己的人生那么做什么

都没有关系，不要处处攀比，问问自己要的到底是什么。

我的女儿和我说她最想做幼儿园老师，她大学时也是学心理学的，她还不敢和我说，因为父母在大学当老师。当她告诉我的时候，我一点都不惊讶，我说"你清楚自己要做什么吗"？她说她想做教手工课的幼儿园老师，我说："我很高兴你知道自己要做什么，那么你知道做一个幼儿园老师需要什么条件呢？"她说不是特别清楚，做幼儿园老师要知道儿童心理、生理、营养，还要懂得很多幼儿的教学方法，她说掌握得不多，我让她设计要做幼儿园老师大概需要什么、她具备什么、拥有什么、缺乏什么、要如何去学习，她说要去英国学习。我高兴的是她终于知道为人生负责做决定了。

哪个行业好哪个行业不好？中国科学院动物研究所有个博士生，在兰州大学毕业后考到北京中科院，以优异的成绩毕业，申请到美国全额奖学金读博士，读了1年他自己不读了，跑到陕西秦岭买了一块地在那养猪。很多人不理解，留美博士上山养猪图的是什么？后来因为没有经验，猪死的死跑的跑，20多万元打了水漂，等于创业失败，嘲讽的人很多。记者采访他时，说他的老师说他适合做科研，他说适合不等于喜欢、擅长，他真正的兴趣是创业，觉得做什么事情能做出来比写一篇论文有价值，因为创业而使生活得到改善。他养猪是想通过把家猪和野猪杂交，出现一种新的食品结构，让中国人的体质可以得到提升，其实是很大的很了不起的理想。因为没有经验，没有做好，但他不后悔，既然选择了就执着地走下去，总有成功的那一天。一个人要成就事业，目标要清晰，要执着地追求下去。记者问他为什么要养猪，他说他认为创业无高贵卑贱之分，一件事情坚持下去总会有成功的一天。他认为重要的事情去做就是值得，没有高低贵贱，每个人选择自己适合的。有个法国小伙子是学心理学的，在北京开一间法国快餐厅，他很开心很享受，学习的知识并不一定要用到生活中。

第二，发展性。

台湾歌手罗大佑唱的一首歌特别好地诠释了生涯规划的发展性，他说小的时候爸爸问他长大要做什么，他一手拿着玩具一手拿着糖果说长大后要当总统。六年级时老师问他长大后要做什么，他说长大后要做科学家。在长大的过程中认识的人越来越多，才知道总统只有一个科学家也不太多。中学时写作文问长大后要做什么，想起母亲的叮咛，认为医生、律师收入高地位高就想做医生律师。高考时作文题目是长大后的志愿是什么，回想报名时候，心里毫无选择，志愿填了一百多。长大后才知道每个人其实差不多，才知道自己的志愿。随着成长知识扩展到事业，对事业了解得多了，我们才知道自己要做的是什么，这首自己的歌，告诉我们每个人应该平平静静的生活。每个人都是这样，小时候都想当科学家，觉得科学家了不起。现在问就是想当老板总经理。社会有很多新的变化，但不可能人人当老板当科学家，总是随着生活阅历的积累，我们会越来越具体越来越聚焦。领域太多了，你只能在某一领域做一点点事情，这已经很了不起了，做自己想做的事情是非常重要的，慢慢才清楚我们要做什么。

在30岁以前我们一直在探索，从30岁到40岁在工作上已经有基础，40岁到50岁是事业的冲刺阶段，50岁以后事业、工作比较稳定，大部分人到50多岁时考虑到退休后如何去生活。这是随着人的成长、发展而慢慢建立起来的。

第三，终生性。

按照美国职业心理学家的理论，人的一生职业发展是一个从建立、发展到衰退的大的循环。在生命的不同阶段，大体10年到15年左右又是一个小循环，你找到一份工作，从不懂到懂，从懂到熟练，从熟练到精深。人的一生在职业生涯中会做多种职业，不像以前计划经济，一个人扎在一个单位，生是单位的人，死是单位的鬼，一辈子都在做一件事情。现在市场经济很丰富，你可以自由选择。大概10年左右，人们会再思考，做得熟练了没有新鲜感，就会重新思考。今天我讲的题目绝不仅仅是给学生讲的，给所有的职业人成年人，我们要思考我们适合做这个吗？我们喜欢做这个吗？我们有什么特别想做的还没有去做？

第四，综合性。

一个人一生同时要在各种角色和身分中作出承担。生活是一个大舞台，我们在舞台上会扮演很多的角色。开始我们是小孩，瞎吃闷睡，只知道玩。长大后我们读书，是学生的身份。后来我们走上工作岗位，要成家。职业心理学家休伯说人的一生的发展是综合的，归纳为长度、宽度、深度。选择一种职业是其实选择一种生活方式，选择规划生涯就是规划自己的人生，这是生涯图，长度就是弧度；幅度就是扮演几种角色，扮演的越多宽度越宽；深度是在每一个角色上不同的时期深度不一样，小学生边玩边学，中学生边学边玩，大学生要集中精力学习玩的时间很少。刚成家的时候精力全部投入到家庭，家庭关系生活已经稳定后你可能需要花更多的时间在职业上面，创造更多财富以满足家庭发展的需求，你老年后减少职业时间，可能把精力放在家庭或者社会公益事业上。

人的一生如何去度过？在各种主要的角色上你打算如何安排？你有权力、能力、责任自己去规划、创造。人在工作的时候，从25岁毕业走上工作岗位，到65岁退休，是40年的职业生涯，有两个阶段全力以赴地工作，一个是30岁到35岁，这个时候精力充沛、热情很高、家庭压力高。后来减少了，到45岁时学习，充完电之后又是一个马力十足的职业生涯，快到50岁慢慢减少。人的职业生涯规划并不仅仅是职业，而是你整个人生，你的家庭、社会角色。比如你想当老师，认为当老师有假期，或者非常喜欢学生，喜欢看到学生成长，但当老师需要不断学习，如果你不爱学习就当不好老师。老师做不了大事业，教师是中等偏上的生活水准，如果想挣大钱想让事业充满挑战，做老师是做不到的。

提到职业生涯就必然要提到一个人,这个人被称为职业指导之父,是美国康奈大学毕业的,他在工厂里面做工程,发现随着美国工业化的推进,很多人从外国到美国移民,不可能像传统社会子承父业,职业领域非常宽广,可以有很多选择。很多人非常盲目,不知道自己能做什么,也没有经过专业训练,即使做简单的工作未必做得好。他发现青年选择事业太盲目了,他决定要帮助、指导他们。1905年他在波士顿成立了世界上第一家职业指导所,为青年找工作提供帮助,他一边工作一边总结经验,几年之后写了世界上第一本《职业指导》专著,在书中提到职业辅导要注意三大要素:了解自己,清楚自己的态度、能力、兴趣、智谋、局限性和其他特。了解局限性非常重要,你不可能什么都能干。我是当老师的,在会计领域很愚笨很不擅长,我不做财务,做老师我可以扬长避短。

要为青年提供职业的知识和信息,每种职业有什么优势、有什么局限、有什么机会、前景如何、发展怎么样,知己知彼把自己放在世界上最恰当的位置,放在最适合你的位置,做出职业的决定,这是帕森斯的思想。生涯规划要做的是知己知彼,做出一个决定,做决定没有十全十美的,任何一次决定都是得与失的权衡,总有得有失,你想找一份待遇很高、很轻松、要在高档的写字楼里、环境很美、领导善解人意、同事和睦相处、很有发展、还可以照顾父母、离家很近不需要坐车的工作,哪有这样的工作。如果你很在意待遇,那么找待遇很高的,如果你很在意父母,那么离家近一点,中午可以回家照顾他们吃饭。任何一次抉择都是得与失的权衡,总是有得有失。你一旦做了决定,如果你想做老师,那么应当了解具体通向老师的路是什么,要了解如何才能成为老师,订好目标、积极行动,这就是生涯规划。生涯规划是自己主动自觉选择未来的职业人生发展,为了目标行动。

为什么要作生涯规划?人的一生有五个重要时刻:出生、死亡、求学、求职、求偶，这里面包括事业和家庭的建立。生和死是没有办法选择的，但求学、求职、求偶是可以选择的，这三大选择其实都影响着你。求学和求职是息息相关的。职业在人的一生中影响很大，影响家庭幸福的程度，对求偶也有影响，大多数人会选择有职业的对象。麻省理工大学心理学家雪恩说人的生命是由三个旋律构成的交响乐，工作职业事业、感情婚姻家庭和个人成长，中国也认为成家立业是人生大事。工作和职业是非常重要的，工作是我们成为一个真正的社会人的立足之本，不工作行不行？我曾经在企业家和大学生中做了个实验，你中了六合彩，能令你一生衣食无忧，你还工作吗？大部分人都是要工作，尤其是企业家。少数的人会有不工作的想法，绝大多数人还是要工作。

工作不仅仅是谋生的手段，是谋生的基础但不是手段，谋生不是职业生涯唯一的目标，美国心理学家研究发现工作能给人们带来经济、社会和心理的满足。通过工作赚钱满足自己的物质需求，让生活得到改善，可以存入银行可以投资，可以买休闲自由的时间，可以购买服务。钱也是一个人成功的象征。工作有很多非经济的因素，比如给人带来社会的满足，工作是一个舞台，可以和同事、客户、学生交往，在人际交往中去满足被人尊重和被需要，得到一定的社会地位和评价。它也给我们带来心理上的满足，当我们的工作受到表扬和肯定，会有满足感和价值感，会对自己的生命有更多的认同。工作会满足我们多方面的满足，所以一般情况下仅有钱仍然工作，钱只能买来经济上的满足，心理和社会上的满足是钱买不来的，工作不仅仅是谋生的手段，也是快乐的来源。人的一生最好的时光是和职业相伴的，职业的成败对人的影响很大。帮助别人获得工作的满足感和成就感是当代社会最重要的崭新的工作，这是职业生涯规划和职业辅导。

职业生涯规划是给自己确立一个目标，并且努力去实现。日本职业生涯教育贯穿整个教育过程，做了很多职业教育中心，里面有模拟室,让小朋友去学习。如果你想当消防员,穿上消防员的衣服,模拟火灾让你灭火,让你知道什么叫消防员、消防员在什么条件下工作。

　　有一个人是《谁动了我的奶酪》的作者,后来他写了一本书叫《快乐人生——成功的资本》,写了杰克和大卫的故事,讲一个人走上社会如何真正成功。杰克和大卫在大学里是好朋友,雄心勃勃准备大干一场。毕业三四个月后两个昔日的好友在一个小酒吧里不期而遇,大卫西装革履踌躇满志,杰克心灰意冷穷困潦倒,杰克看到朋友春风得意的样子心里酸酸的,大卫很心疼自己的好朋友,很想帮他,讨论职业生涯成功需要什么。在大卫的建议和鼓励下,杰克找到了工作并且认真去做,遇到人际关系的冲突、矛盾、各种工作的局限,但一直在互相支持、帮助、鼓励,杰克被领导任命为部门经理去进行合作谈判,谈判的对手就是大卫的公司,谈判的对象就是大卫,杰克的事业从零开始发展到比较好。这本书每章都谈了职业生涯发展成功的重要因素,作者说成功需要资本,需要你好好规划,需要健康,需要你做擅长的、喜欢的、有兴趣的、能干的工作。做擅长的工作,成功最快。

　　但生活并非每个人都很清楚自己到底能做什么到底适合做什么,有4种人的存在让我们看到生涯规划多么重要。第一种人是经过探索、经过分析、经过生活的磨炼失败,知道自己要做什么,始终把握自己职业的发;第二种是父母老师给找份工作,自己是不是适合没有好好想过;第三种是寻求方向型,不是特别清楚,但是知道命运应当把握自己手上,要去思考要去探索;第四种是迷失方向型,在大学里对大学生做调查,超过40%的人迷失方向。

　　现在很多人都是很糊涂的,很多东西实践才能明白,就怕你最后还是不明白,在不清不楚中度过自己的职业生涯。为什么有这么多迷失方向的年轻人呢?很多年轻人生涯规划的方法没有科学的指导,或者指导不足,成绩多少分就到分数相应的学校,这是非常盲目的。还有一种目前趋势法,看现在社会上什么热就干什么,就出现一种围城现象。现在这个社会找工作非常不容易，很多人就想就这么着吧。有的男的认为不能当幼儿园老师不能当护士，其实现在这个社会最成功的不是男性化女性化而是双性化的人，说的是性格，该出手时就出手，该细致时就细致。现在很多人到招聘市场像逛市场一样，完全凭着感觉走，比较盲目。

我们应当怎么做呢？我们怎么做生涯规划呢？生涯规划涉及三大领域：第一是个人信息，一个人的职业很多是离不开父母的期望的，比如教育世家，因为爸爸妈妈从事这样的事业，对这样的行业耳闻目染，如果你做的是你喜欢的也是父母期望的是好的；第二个是市场信息；第三个是决策，很重要的是作出决策，不能永远搜集资料，需要作出选择。综合的生涯选择的模式包括生涯信息、工作的实践，经济发展不好，就业机会下降，经济发展越好，越有更多的机会。生涯探索，可以到哪些地方得到信息？他人的影响，家庭的传统，社会的经济地位，还有你自己的家庭，他人的期待，未来人生的计划，他人的计划，个人的自我支持，生活的态度，会涉及到这么多因素。具体影响职业生涯外在的因素是，就业机会的多少、社会经济景气、职业结构的变化、国家的相关政策；内在因素是自我技能、能力、兴趣、职业价值观、性格，性格影响很大，内向还是外向非常重要，如果你很外向当导游很好，如果你很内向最好是做编辑，不同的个性适合不同的岗位。职业生涯选择的过程是这样，我可以做什么？你要看看环境，经济、社会、政治的，做出一些分析，看看机会、挑战在哪里。我能做什么？衡量自己的能力、特长、学历、性格，硕士毕业到清华大学当老师基本没有可能，博士学位都很难进来，现在都是博士后，如果你就想当大学老师，那么你就好好学习去读博士，这是入门的硬指标。和他人相比我的特点在哪里？你要清楚有什么特点？我想要什么？我个人、社会价值追求是什么？我觉得什么样的生活是最主要的、什么是我最重视的？把这些知识做一个整合，做出选择。

这样的步骤不是我们个人能够全部完成的，我们需要有一些技术、方法、专家帮助、自我认识。如何帮助孩子给他们一些建议，问问自己是谁、我想要什么、职业有什么需要、有什么发展，先是了解自己的兴趣、性格、价值观，有很多自我探索的方法，可以自己做决定，也可以大家做决定，也可以找职业辅导的专家做决定。现在国家有职业指导师，现在企业也有很多专业的训练，从事这种新鲜的行业，帮助当事人来提升自己的生涯规划的能力。生涯规划的能力包括几大块，第一块是了解自己的兴趣、所长所短、性格、特征；第二个是搜集有关生涯信息的能力；第三个是生涯决策能力，要学会做决定。决定后要推销自己，如何让别人知道你最适合。适应工作，在做的过程中明确工作要求、工作量如何，在工作中要长期做下去，知道有哪些规定哪些伦理道德要去遵守。先自我认识，机会认识，求职技术的培训，执行求职的计划，不断地学习进修，看自己在这个行业继续做下去还是重新规划，有一个过程。了解自己其实是最难的，因为人很复杂，人是不断发展的，影响我们价值观、性格、兴趣、能力、经济地位的因素非常多，我们很难认识自己，可以去寻求一些技术上的帮助，心理测评是很重要的技术。

　　职业心理专家霍兰德认为找工作是人格的反映，如果工作要求特点和人格所具有的特点是匹配的话，那么是适合的。他把工作分成六大类，也把人归为六大类，喜欢动手的、喜欢做研究的、喜欢和人打交道的、喜欢领导别人带人前进的、喜欢按部就班踏实工作的是很不一样的，现实型的人实际型的人的特点是坦率、正直、谦逊、诚实、注重实际、唯物主义，适合做农场主、电器工程师，具有这样特色的人从事这样的职业是最匹配的；研究型的人喜欢分析、逻辑、思考、推理，可以做化学家、物理学家、生物学家；艺术型的人内心很复杂、无序、自由、情感化，适合做一些和艺术相关的工作；社会型的人一般很友善、大方、有耐心、待人真诚、热情，适合当老师、心理师、咨询师；我在日本测试我最适合的工作是心理咨询师、社会科学老师、外语老师、空中小姐、幼儿园老师；企业型的人冒险、雄心勃勃、胸有大志、对权力看得很重、乐观自信、善于影响别人、口才又好，可以当管理者政治家；传统型的人按部就班、服从命令听指挥、做事井井有条，适合做会计、档案管理等工作。通过100多道题的问卷测出你的职业码，去查你相应的职业，可以帮你把那么多的工作缩小，找到适合你的、匹配的、擅长的、做起来高兴的工作。

下面做个小的选择：假设你有7天假期，打算到马尔代夫，共有6个不同风情的小岛各有特色，你想去哪里？代号A的小岛上有许多现代小型美术馆音乐馆，当地居民保留当地传统的舞蹈、音乐、美术，艺术型的人喜欢到这个地方；代号S的岛上有一套好的教育方式、服务系统，岛上的居民很和善，其乐融融；代号E岛的岛民豪爽热情，到处是高级旅馆，来往的都是企业家政治家律师；第四个岛很现代化，管理井井有条，岛民个个冷静、理性、按照规章制度办事；第五个岛到处是原始动物林植物林，岛上的人喜欢自己动手丰衣足食，是个很自然的岛；第六个I岛离其他岛比较远，可以观天相，有天文馆、博物馆，岛上的人喜欢思考，喜欢和心理学家、科学家交换思想。选出的三个岛的代码就是你的职业，通过这个选择可以查你最适合的职业。我自己在职业上做了这样一个决定，知道原来我现在做的事是我最擅长最适合的，还有机会做心理学方面的老师，我特别开心，所以我没有动摇，一做就是20年。我花出的时间要超过20年，一天当做两天过，因为喜欢，所以一点也不觉得累，享受自己的工作，更快地出成果。

还要知道人生目标，到底想做什么？生命线帮助我们思考未来能做什么，未来的计划和目标是什么，我们假设人能活88岁，现在你20岁，可以看到今天向后还有多少年。我自己预设70岁，我现在已经54岁了，我已经计划好剩下的生活，我觉得很幸福很快乐很充实。要选出三个目标要做什么，是要带父母周游世界？要在某个领域功成名就？要带家人好好享受田园风光？要把事业做到全世界？你一定要清楚自己想做什么。要长计划短目标，具体安排。

职业心理咨询中常常用的思考模式，就是自己问自己五个问题：

1. 我是谁？

   把自己的长处和短处一一列出来，长处和局限性是什么，了解、清楚我是谁。

2. 我想干什么？

   可以通过一些心理测验和与别人比较，知道自己终身的理想是什么。

3. 我能干什么？

   明确你具备什么能力、对什么没有兴趣，对自己的能力、兴趣有了解。

4. 环境允许我干什么？

   明确内部、外部、家庭的环境是什么。

5. 我最终的职业目标到底是什么？

   根据目标执行计划，入世后各种各样的职业都有不同的调整。社会发展，有哪些行业适合我有哪些不适合我？千万不要随便跳槽，现在有的大学生毕业两年换了几个工作，工作是需要积累的，做得时间长了才明白到底是什么。一般的企业不喜欢老跳槽的人，要知道什么时候跳槽，跳一步就更向适合自己的方向、向自己的目标前进一步。要知道各行各业有自己的要求，比如软件行业不仅要有专业知识还要有团队、合作、激情、热爱、喜欢，还要不断学习不断追求变化。

每个人要在社会上拥有无悔人生，都要选择好自己的职业。

傅可为

美国南加大工商管理博士,中华慈善总会圣陶蓝海神舟爱心行动发起人,蓝海神舟企业家俱乐部董事长,为数十家企业如李宁公司、永正制衣、阳坊胜利集团、中国矿业联合会、国家行政学院培训中心、金盛人寿保险、丰禾意象教育咨询等提供服务、咨询和内训,并成功训练五丰保险营销团队和美资上市公司领袖团队。

了解自己，规划未来

◆ 傅可为

今天我从了解自我、认识自我开始，给大家讲一个"赢"的方法。

大家都知道工作可以分为行政类、技术类、营销类、服务类、管理类、公关、教育、律师等等，这些职业对从事者的要求不一样，我们也不能什么好就去做什么；我们生活中经常碰到的事情不外乎交朋友、谈恋爱、结婚、管理自己的孩子，所有这些行为都与内在特征和性格特征相关；我们平时在生活中工作中有的事情不需要别人教也可以做得很好，有的事情怎么努力也学不好，这是为什么呢？不用教就会做的事情是符合你内在特征的，天性上有就这些特征。怎么学都不会是因为和你的内在特质不太一致；无论我们做前哪一种工作，都会需要沟通，沟通是双向的，沟通对象是人与人。

如何知人？如何了解人？你了解自己吗？怎么认识人很重要。就像冰山露在外面只有小小的一角，而在下面有90%，人类的行为有如冰山，所有行为中有九成是看不见的，如想法、感觉、情绪、价值和需要等等，然而这九成造就了一成的可见行为。我们对别人的了解、看到的别人或者自己只是外在的，应聘时我们往往只知道这个人的学历、背景、经验，但往往决定他的行为特质、他能做什么的，是他的内在特质和性格特质，内在特质决定了价值观、想法、情感、需求，这是非常重要的。

人的内在特质、内在需求是什么样的？许多文化从远古就开始研究这个问题，古希腊很早就提出人的行为特质犹如自然界的四种物质火风土水，火有哪些特质？热情往外、速度很快；风有哪些特质？风是来去无踪来得快去得快；水有哪些特质？水轻柔水滴石穿融入于大海，在集体里只关注别人，有很强的持久性，随方就圆，到方的地方就变成方的，到圆的地方就变成圆的；土有什么特质？土很稳定、很可靠、脚踏实地。当然人和自然界的物质不完全一样，但古希腊人这样提出来，与中国的五行一样，都有一定道理。

后来也有心理学家提出很多理论，但所有的理论都具有片面性和不全面性。1928年时美国的威廉·马斯顿通过对成功者进行研究，写出了《常人之情绪》，把世界上有成就的人分为四类：D、I、S、C，分别对应的是就是火、风、土、水。D是驱动指挥型，I是影响社交型，S是稳定支持型，C是服从思考型即服从内心的想法。驱动指挥型的D型人喜欢发号施令，行动力很强，有方法，重视事情的结果；I是影响社交型，个人魅力很强，沟通能力非常强，非常自信，是公关高手，适合和人打交道，喜欢和人打交道；S型是稳定支持型，行动相对比较缓慢，自己不是很有主见，需要慢慢下决定，非常为别人考虑，忠诚于团队；C特征的人是服从思考型，很善于思考，做事小心谨慎精准，追求完美，凡事先谋而后动。D是火，火的破坏性很大，性格特质上脾气就会暴躁，因为重视事情所以不太顾及别人的感受；I是风，只注重感觉而不重视事情的结果；S因为没有主见行动缓慢失去

> 决定人的行为特质、他能做什么的，是他的内在特质和性格特质，内在特质决定了价值观、想法、情感、需求，这是非常重要的。

很多机会；C因为太追求完美可能会吹毛求疵，别人做的什么事情都看不上。《西游记》里面有师徒4个主要人物，在那个环境下将非常艰难的西天取经的事情做成功了，如果用D、I、S、C来分类，孙悟空是D型的，行动力快，有了问题都是他去解决，猪八戒是I型的，喜欢吃、喜欢说，情绪变化非常大，来去无踪像风一样，沙僧一直牵着马挑着担，在师傅的旁边支持着师傅，所以他是稳定支持型，是S型，唐僧是C型，出发以前要取到经的信念非常强烈，有坚定的信念，很多事情考虑得很细，先谋而后动。每个人都有D、I、S、C四种质素，只是看侧重点是哪个即哪一个占主流、比例不同而已，像唐僧有支持者的特质，也有做领导者的才能。做任何事情都是以团队为单位，不同特质的人组合在一起，无论多难的事情都能完成。没有完美的个人只有完美的团队，只有团结他人才能做成大事，不能要求别人和你完全一样。

我们了解了D、I、S、C这四种特质，就知道D型驱动指挥者重视的是结果，对策是给予权力；I型是很好的沟通者，最大的特长是沟通，他们非常重视别人的注意和别人的认可，所以尊重他是最重要的；C型是分析者，是很好的规划者，把很多问题考虑得非常细，非常重视支持和有安全感，喜欢支持别人，自己有安全感，凡事都谋划好，非常重视程序、事实，对他的策略就是给他证据；S型是规划者重视支持，对他的策略是承诺。驱动者会带来未来带来新天地，沟通者给我们带来快乐，规划者带来和平，世界因为有不同的人组成所以多姿多彩。不管是什么类型的人都很好。

现在我们来看这四位领袖级人物的情况，分别是比尔·盖茨、克林顿、拿破仑、甘地。比尔·盖茨是C型，是商业领袖，微软公司是技术型的公司，想让全世界每一台电脑都装上他的软件，他很成功，几年来都是世界首富，他是通过制定规则来成就事业的，非常的有钻研性，谋划能力非常强。他的搭档就是对角线的I型的，性格特征是完全相反的；克林顿给人印象最深的是个人魅力，非常善于演讲，演讲需要沟通能力，布什卸任后演讲能像克林顿那么挣钱吗？不可能，克林顿在任的8年时间把美国治理得非常好，是美国历史上非常有成效的8年。克林顿有超强的个人魅力，使大家能谅解莱温斯基事件。这是这种特质的人最有优势的一面。提到克林顿，可能有的人会想到希拉里，希拉里现在当上了美国的国务卿，有一次希拉里到加油站加油，加油站的工作人员说她非常幸福嫁给了总统当上了总统夫人，希拉里说："我嫁给你，你也是总统。"希拉里是什么特质？D型，这种特质的人是最需要权力的，历史上很少有总统夫人自己去竞选总统，希拉里是D型的，克林顿是I型的；拿破仑开疆拓土，让大家都听他的，是典型的D特质类型；甘地倡导和平获得大家的尊重，像很多诺贝尔和平奖的获得者一样，都是S特质的，温总理也是S特质，孙中山先生也有S特质。不同特质的人成为领袖的方法是不一样的，要去认识自己，领袖不一定指国家领导人、指公司的高层，在一个小团体里面起主导作用就是领袖，家庭里也有领袖。如果谁也不听谁的，团队就没有形成，没有找到让大家都跟随你的方法，要让别人来跟随你，要通过对自己的认识成为领袖人物。

我们复习一下这些特质，D型和C型独立、喜欢支配，I型和S型讲关系、以人为主、爱助人。每一种人都有自己不同的肢体语言，现在教大家如何认识自我和身边的人。D型的人喜欢发号施令，嘴巴张得大大的，手指指向别人，有时没有耐心，讲话时总是非常单调，语言语调没有变化，对人不关心，事情做好就好了，不喜欢听别人讲话，别人讲一半他就插嘴，肢体语言往往说着说着就拍桌子扔东西骂人。他们最希望的就是别人别问为什么，按他说的去做就是了；I型的人肢体语言非常丰富，天塌下来都很高兴，这种人就是没心没肺，总是很乐观，说话经常非常大声，和D特质不一样，语调会抑扬顿挫有变化，非常喜欢肢体语言的表达，喜欢拥抱握手，听着高兴的事情他就听，不高兴的事情就不听，喜欢插嘴，情绪化而且都会表现出来，面部表情非常丰富，经常会穿一些时装，说一些好听的话，经常说我做不做都可以但首先要高兴，要做就高高兴兴的做；S特质的人非常能设身处地为别人着想，讲究步调，一步一步来，不能变，变了就受不了，我们能预测他的想法是什么，最害怕的就是失去宝藏，说话比较慢，不会抑扬顿挫但比较温柔，是最好的倾听者，他们做决定会比较慢，做任何事情都要准备好才会做。肢体语言往往是微微地笑，手交叉着坐着，看不出来到底是高兴还是不高兴。手势动作不会太大，喜欢按照规则来办事，一定要把事情做好，最怕别人批评。如果别人说什么都不管，这种人可能I的特质比较高；如果别人还没说就开始想，则可能S特质比较高，对批评非常敏感；C特质的人讲话的时候经常讲事情，运用事实和数据，很喜欢提出意见，看见什么都觉得不够好，有这样那样的看法，做事情就要做得对做得准，不喜欢身体的接触不喜欢正面看人家，想事情时会喜欢摸摸下巴或者摸别的地方；D特质的人说话声音大，I特质的人说话声音大并且抑扬顿挫，一看见你就拥抱的人是I型特质，S、C型特质的人脸部表情不太丰富，S型的人更多的是关注人，C型是关注事情。所以如果我们用英文字母来说的话，D关注什么事情即what，C关注为什么即why，I特质的人关注感觉即how，S特质的人关注谁即who。

  人不是简单就这四种类别，而有26种主要的类别，即有些特质高有些特质低，在你身上的特质占到60%以上就叫高，在35-60%叫中，35%以下叫低。不同的人会有不同的DISC组合，适合的职业也不同，但都有共同的规律，只要掌握刚才我讲的一些规律，大家都会比较好的判断别人及了解自己。

  讲了那么多，我们通过了解DISC都有哪些收获呢？

  第一个收获，过去可能有些人对自己没有信心，对别人很不满意，通过学习后可以知道，每一个人都是一颗钻石，钻石开采出来并不是发亮的,要通过打造把面面聚焦在一面来发光,它才那么耀眼璀璨,人也是一样,不要要求别人样样都好,也不要要求自己样样都行,我们把自己最亮的一面聚焦,要找到自己发亮的一面,同时找到别人发亮的一面,看到别人的长处,这很重要。不管是任何人,都会有特别擅长的东西,不要老是强调自己特别不擅长的一面。找到发亮的一面很重要,坚信自己是钻石。

第二个收获,我以前喜欢和自己一样的人在一起,学了DISC以后我知道只有和自己不一样的人在一起才能弥补不足,要成就伟大的事业成就自己的梦想,需要通过和别人合作才能成功,更要去喜欢、珍惜和自己不一样的人。这样你的心态就会完全改变。从此以后我们要喜欢和珍惜与自己不一样的人。

第三个收获,是明自己所不欲勿施于人,这是孔子提出来的,但有些人己之所欲施之于人,把自己认为最好的给别人且强加给别人,今天我们学了DISC之后应该怎么样呢?你喜欢的不一定就是别人喜欢的,应是人之所欲施之于人,你最喜欢吃红烧肉,你的孙子喜欢吃鱼,你给他鱼还是红烧肉好呢?肯定是鱼好。老板就喜欢你把事情做出结果,你偏偏讲为什么做不了,领导会喜欢你吗?不会。一定要人之所欲施之于人。在你工作上无论是选择哪个工作,在你交朋友过程中、恋爱家庭组成过程中,人之所欲施之于人都很重要。

DISC用于企业经营的原理是:知人善用,找对人。放对位置,做对事。用最少的资源创造最佳的团队,快乐工作,团队增效,企业获利。

DISC格言:垃圾放对位置就是资源,人才放错位置就是庸才。我们每个人都是钻石。成功不是选择最好的,而是选择最适合自己的。

了解自己是一切人生财富的开始。了解自己的DISC,除了以上大概的了解,我们还有更精确的方法,可以通过软件了解自己的DISC的百分比,知道什么岗位适合你,你做这个岗位需要哪些方面的训练,我们有很详细的一套资料。

我们来看看很熟悉的一些成功人士的DISC是什么样的。丁磊是高D高S，D和S是对角线，只要具备这样的特质就是人才，东西方这样的人都非常少，孙中山也是这样的特质。做房地产的孙宏斌I和C高，要说能说要静能静，能演说能很好的规划，也是非常厉害。新东方的余敏洪高S高C，这种人非常适合纪实类的工作，他的合作伙伴徐小平就是I超高，演讲水平是非常高的。张朝阳是高D高I高C，侧重于事情。

我们看了这些人之后，不是说什么高就是好，而是什么都要适当，如果特质高会有优点，同时也会伴随有缺点，某个类型的特质不能太高，四个方面都要有，都要提升它。你去参加聚会，就要I高一些，去销售就要I高一些，当你要规划未来时C要高一点考虑问题要全面一点，要达成目标的时候要讲结果D就要高一点，当你参加团队的时候、在家里面S要高一点，不同的场合我们需要不同的特质。本来你就有这些转换的能力，以前可能不是那么清晰，以后要知道如何自觉转换，你在所有朋友面前的表现是不是都一样？上了年纪的人在不同的人面前是不一样的，你以前就会，以后就是要做得更好一点。

DISC与个人职业生涯规划有什么联系呢？一定要在了解自己的基础上规划未来。

职业生涯规划的简单步骤如下：1.首先要知道自己是谁；2.问问自己到底要什么；3.自己最想做什么；4.自己最擅长什么；5.家庭环境和特长哪些是你最有优势的；6.什么是最适合你的，才能决定最后选择什么。这样系统地做思考，不要简单地、单一地考虑。想清楚自己人生的目标，对自己的未来是有好处的。

我的建议是，择己所爱，择己所长，择世所需。只有乐在工作，才能最出彩。喜爱和擅长不一定完全等同，如果等同是最好的。你喜爱或者擅长的前景可能不太好，所以做事情要考虑三方面，考虑自己的爱好、所长还要考虑社会的需要，未来一定不会差。如果社会不需要，你喜欢的、你擅长的只能当业余爱好，有些事情只能当业余爱好不能成为职业目标，当然有能力兼顾喜爱、擅长及社会需要最好。

下面我们重点强调一下各种特质的人的职业选择。D型特质的人重速度、重结果、抗压能力强，喜欢挣钱，有明确的目标，适合做营销类的工作，挑战性很强的工作，有权的、派外地、出国，如警察、从军，不适合的行业：服务类、重复性的，如行政、财务、老师、护士、秘书、公交司机、乘务员；I特质的人最大的特点是擅长与人打交道，喜欢和人交流受人注意。适合的工作：销售类的，与人打交道的如人力资源、公关、客服、主持人、导游、售货员，不适合：服务类，重复性的，如行政，财务，医生，乘务员；S特质的人谨慎、稳定、耐心、忠诚、有同情心，适合面广，什么都能做，最好是教育、顾问、公益工作、SOHO、行政后勤、服务。不适合：律师。因为他不喜欢争辩，听谁都有道理，没有自己的主见。S型的人是很可靠很长久的朋友；C特质的人组织性很强很精准，精准性、结构性要求高的工作都适合C，如软件、财务管理、审计员、作家、艺术设计、律师、会计师，不适合营销类的工作，C特质的人也能说话，但只能和熟人讲话。我们只要了解自己，去规划未来是不难的。不管是哪种特质高，都能成为很好的领袖，只是方法不一样。D、I、S、C的领导风格与营销风格也不同，S特质的人基于别人对他的信任客户会主动找上门来，现在全世界包括中国就业形势不是很好，但营销类的工作很多，什么特质都可以做，但要选择产品和行业，S高要做好的话，你可能业绩会来得比较慢，一般来了之后就会有很好地准备。

最后祝大家知人者智，自知者明。做明智的人，规划好自己的未来，你的人生一定是辉煌幸福非常有成就的。

解思忠

国民素质研究专家。现任国务院国资委国有企业监事会主席,兼任北京大学国民素质研究中心主任,博士生导师,中国作家协会会员,高级工程师。学术代表作为"全国优秀畅销书"《国民素质忧思录》、《观念枷锁》和《国民素质读本》(合称"国民素质三部曲")。

知识·素质·能力

◆ 解思忠

我今天讲的题目是"知识·素质·能力",这三个名词应该是普通得不能再普通了,大家经常使用,但真正要弄清它们的概念以及它们之间的关系就不是很容易的了。

不是所有的人都能明白"素质"。对"素质"概念的理解往往走向两个误区,第一个误区是将素质与能力等同起来,比如说某个人组织能力怎么样,管理能力怎么样,特别是一些企业的同志,大家评价一个人管理素质时往往讲的是能力;第二个误区是将素质和知识等同起来,比如说某个人学历怎么样。上述两种都是"素质"理解的误区,素质不等于能力也不等于知识。能力是相关素质的综合体现,知识是理解消化复核升华之后才能上升到素质层面,知识、能力不等于素质。

不要说一般的老百姓可能弄不清楚素质的概念,包括我们的主流媒体也往往弄不清楚什么是素质,去年《人民日报》开辟了一个专栏《提高中国公民出国旅游文明素质大讨论》,专栏主持人邀我写篇稿子放在第一期,我说专栏的题目有问题,概念是有错误的,不存在"出国旅游文明素质"的概念,应该是"提高中国公民出国旅游文明行为大讨论"。行为是相关素质的体现，主要是公共道德，公共道德素质不高，出国旅游行为不文明，在国内行为也不文明。专栏主持人说不能改，说是某某领导的批示，我说如果不能改那么我的文章不能写，后来讨论结束后专栏主持人将题目改成《提高中国公民出国旅游文明行为准则》。去年还是《人民日报》，写了篇文章是要提高国民的金融素质，金融是知识不是素质，很多人现在买股票买基金，但不懂起码的金融知识；一些高等院校也不清楚素质的概念，中国人民大学搞了个课题组，研究中国大学校长素质，课题结束后把成果在《人民日报》上发表了一下，他从五个方面即年龄、学历、性别、专业、认知年限来研究中国大学校长素质。大家可以看一下，其中除学历和素质关系比较密切之外，其他几个方面和素质毫不相干；普通媒体也搞不清楚什么是素质，歌手大奖赛中有进行综合素质的测评，问选手几个问题给选手评分。有的时候评委提的问题不敢恭维，通俗歌手大奖赛中评委问选手亚马逊河流经几个国家，选手答不出来，评委告诉他是流经六个国家，大家都觉得评委素质真高。第二天评委当众向大家更正并道歉，因为节目播出后有很多人给他打电话，专门研究地理的专家告诉他亚马逊河流经八个国家。这样的问题仅仅是地理知识，与素质风马牛不相及。

中央电视台、《人民日报》都弄不清楚素质是什么，我的意思并不是所有人都不知道素质是什么只有我弄清楚了，我们的一些领导还是清楚什么是素质的，原来国务院副秘书长花剑同志前年在行政管理学院院长会上有一个讲话，说各级行政管理机关都要把公务员的素质与能力作为培训的重点。明确素质不代表能力，起码素质和能力是有区别的。我们在些很细小的地方，老百姓也能用对素质的概念，我到一些地方讲课的时候讲到素质概念，中间休息的时候去洗手间，见到男卫生间写了个标语"文明如厕显素质"，这是对的，不能说"文明如厕显能力"或"文明如厕显知识"。他做不做是素质，不存在能不能做的问题。

　　素质到底是什么呢？一个人的素质既取决于先天的遗传，又取决于后天的修养。比如身高、肤色、智商有遗传因素影响，是素质的一部分但不是全部，可以通过后天的学习修养弥补自己先天的缺陷。搞企业搞产品的都知道产品质量，我们买的衣服、物品也存在质量的问题，有质量检验的指标体系，看是合格品还是残次品。我们每个人从某种意义上来讲都是一个产品，既取决于先天，又取决于后天，即自己的打造。既然我们每个人都是产品，就不能笼统地说某个人是好人还是坏人，我们应该有一个研究素质的指标体系。我试图建立研究素质的指标体系，把素质分为八种：人格素质、精神素质、道德素质、文化素质、科学素质、职业素质、健康素质、身份素质。每一种素质又细分为若干个子项，加起来是50项，合起来我写成了一本书《国民素质读本》，里面详细说了现代人应该具备哪些素质。木桶存水量不取决于高的木板而取决于低的木板，要提高木桶的存水量就要提高低的木板使它与高的木板平齐。要提高总体素质，方方面面的素质都要提高，八个素质可以看作围成整体素质的木板，我们不能局限于某几项素质而忽视其他素质，否则会出问题。我们国家的一些高级领导干部或企业高管成为"两院院士"即医院、法院的"院士"，都是犯的最低级的错误。包括你、我、他在内，要提高自己的整体素质，就要迅速找出自己的短板把它补起来。每个人的健康也像木桶一样，我们有很多内脏，你说我的心脏、肺、肝都特别好只是肾存在点毛病，肾存在毛病也会要你的命，你不注意肾或某一项内脏，其他内脏再好也是白搭。

　　我讲得比较抽象，有的人可能对素质还是建立不起来概念，用一句俗话帮助大家理解，大家可能都听过："只要功夫深，铁杵磨成针。"很多人受这句话激励以后，看到别人做生意他也做生意，看见别人做学问他也做学问，但有志者事不一定能成，有志是成功的必要条件但不是充分条件。"只要功夫深、铁杵磨成针"这句话讲得不错,但并不是说只要功夫深是棒就能磨成针,木头永远磨不成针,要想磨成针就需要是铁,木头只能磨成牙签,木头磨不成针。要达到自己的理想,首先要看你的目标与哪些相关素质有关,搞营销的要求营销能力要高,你搞销售但不愿意和别人沟通就不行,我们要实现某个理想树立某个能力,要知道和哪几项素质有密切或特殊关系,要提高这些素质,提高之后你的能力就自然而然得到提高。我想变成针,那么应该先把自己变成铁。一定要考虑某一种能力背后都有几种素质在支撑,要胜任某个岗位必须达到某几种素质。我们在日常生活中说得更多的是能力,往往不太讲素质,素质是隐藏在背后的东西,为了说明素质和能力之间的关系,我先给大家讲几种能力,解剖一下素质如何支撑能力以及能力和素质之间是什么关系。

> "只要功夫深、铁杵磨成针"这句话讲得不错,但木头永远磨不成针,木头只能磨成牙签。

第一,创新能力。

创新是事业发展的动力,我们在座的不管是在企业还是在事业单位,创新和每个人都有关系,是全世界非常看好的能力。如何提高创新能力呢?并不是说办个培训班教你如何提高创新能力就能提高,比如说我们真的办个提高创新能力的培训班,同一个老师讲课,回去后每个人的能力各不相同,因为素质各不相同,听老师讲课以后,理解能力、举一反三能力、付诸实现的能力都不相同。

创新能力和好几个素质有关,其中关系最为密切的是发散素质。在精神素质中分十几项,比如理想、意志等等,其中有三项是描述思维性质的,一个是发散素质,一个是理性素质,一个是求实素质。描述一个人的思维模式的时候,会涉及到发散素质和收敛素质,发散素质是对一个问题会产生层出不同的联想、会有不同答案的思维模式,收敛素质是对一个问题只能产生一个答案的思维定式。创新是做前人没有做过的事走前人没有走过的路，最好的办法往往是几个办法中的一个，首先要能想出好几个办法，不能想出一个办法就认为是合适的，能想出几个办法的思维就是发散思维，思路非常开阔。发散思维按照通俗理解就是想象力，说明你的想象力很丰富。

我们有些高智商或者是高学历的人往往都会走向收敛思维的误区。给大家讲个故事，有个速算家到一个城市表演，他计算速度特别快，给出正确答案的速度特别快，很多人出了很多题目都难不倒他，后来有一个人出了一道题目让速算家瞠目结舌答不出来。这个人问一辆火车从甲地开往乙地，出发时有1000名乘客，在第一个车站上来几个下来几个，在第二个车站上来几个下来几个人，如此说了很多个车站，然后问速算家：这辆火车经过了多少个车站？速算家答不出来，因为他以为肯定会问他最后到站时车上有多少人，他在别人问的时候就已经把答案假设好了。其实这个问题简单得小学生都能算出来，但却让速算家当众出丑，不是速算家速算思维不好，而是因为他是收敛思维。我们在日常生活中解决问题时，往往用传统的概念去解决，百思而不得其解，找不到解决问题的最好办法，都可以归结到思维模式上去。苏格拉底带弟子们出游时看见一片湖水，苏格拉底问弟子们这一湖水有多少桶？有的弟子说要求先量出湖的体积然后进行计算，有的弟子说要用桶舀干湖才能知道。苏格拉底问他最得意的弟子柏拉图，柏拉图说那要看桶有多大，如果是像湖一样大的桶那么只需要一桶，如果是像湖一半大的桶那么需要两桶。柏拉图的答案是唯一正确的答案，因为并没有告诉你桶有多大。一说桶我们就想到日常生活中的桶，日常生活中的桶也大小不一，不能一说桶一遇到问题就想到日常用的办法。微软公司招聘人才进行考试，比尔·盖茨亲自出了一道题目，在纸上画个三角形，让你用笔画一根直线把三角形的三个顶点连结起来。答案就是用一根比三角形还粗的笔把三角形画下来，生活中的笔各种各样，为什么一定要用细的圆珠笔呢？这不是脑筋急转弯，是考一个人的思维模式，在微软公司设计软件，要运用于各个领域，如果软件设计者本身是收敛思维，设计的软件不可能运用于各个领域，所以微软公司要求从业人员必须是发散思维。如果你在生活中解决问题处理问题用的是传统的办法，没有再想另外一种办法，说明你的思维模式是收敛的。

　　想象力比知识更重要，因为知识是有限的，而想象力是无限的，想象力是知识的源泉。上世纪人们的幻想、梦想在这个世纪都得到了实现，首先必须想到，才有可能做到。我们有很多新产品的开发，往往并不是运用了多先进的技术，而是设计者具备了发散思维。瑞士一个企业的CEO海瑞克说，"把强大的技术和6岁儿童的幻想结合起来就能创造奇迹"。为什么不把强大的技术和60岁人的想法结合起来呢？60岁的人经验丰富，但思维往往收敛，6岁的儿童思考问题海阔天空，没有不敢想的没有不敢问的，有时候他问的天真的问题大人都回答不了。我们现在发展的很多产业包括文化产业、旅游业、广告业，并不是要用多么先进的技术，主要是靠设计这种发散思维来取胜。给大家举一个非常普通的产品即枕头，日本人发明的"男体枕头"获得了专利，作为一个新产品开发。枕头的形状像男人的半个身子，是倒U字型的，这种枕头是专门给独身女人用的，让她们可以枕着男人的臂弯安然入睡。中国人用了几千年的枕头，从未想过改变枕头的形状让它更人性化更符合人性的需要。如果让我们农村老太太去缝可能缝得更好看，但我们没有想出来。这样的例子非常多，一项产品的发明主要是靠自己丰富的想象力。在日常管理中间，有时候大家比较迷信专家，喜欢让专家出出主意，专家在某个领域可能的确是专家，但专家的思维往往走进收敛思维。圆珠笔是日本人发明的，最初发明圆珠笔时像毛笔那么长，当油墨用到一半时笔头坏了，如何提高圆珠笔头的质量呢？怎么搞都不行，最后这个问题被一个普通工人给解决了，他说把圆珠笔芯剪短一半，圆珠笔芯用完的时候笔头才坏。在日常生活、管理中间，这种思维模式所起的作用无处不在。有的企业出现质量事故安全事故，说没有想到，可能是不认真，也说明你的思维模式是收敛的。山西煤矿发生事故，水把人淹死了，煤矿主人说只以为瓦斯爆炸会造成煤矿事故没想到水会把人淹死，一想到煤矿出事故就是瓦斯爆炸，这就是收敛思维。今天早晨我看新闻，山西煤矿又出现事故这次是炸药爆炸，管理者思考问题是收敛思维。

在抗战时期，郭沫若曾经给周恩来总理送过一副对联：思考问题水密细地，处理问题电火响风。思考问题时像水倒在地上无孔不入非常严密非常周密，说明周总理的思维模式是发散的。思考问题非常周密，在很多情况下才能化险为夷。家务、日常生活、工作管理需要发散思维，政府的管理也需要发散思维。我们知道美国9·11事件，在发生之前美国的安全部门已经得到准确情报，说恐怖分子会驾驶飞行器撞击建筑物，但是美国安全部门做梦也没有想到恐怖分子会劫持民航客机撞世贸大厦。事发后美国军方召开紧急会议，研究恐怖分子还可能用别的什么办法袭击美国本土，在高层机密会议上请来另外一部分人，这些人不是反恐专家也不是军事专家，而是搞游戏搞动漫的。让游戏家想恐怖分子会怎么袭击美国本土，这些人思维决定是发散的，有的人说恐怖分子会从下水道去，有的人说恐怖分子会把导弹绑在老鹰身上飞来，而美国军方一想到恐怖袭击就是导弹。发散思维各行各业都有，维护正常安全维护正常的工作也需要发散思维。9·11事件导致世贸大厦倒塌后，在几分钟后就有几家公司正常开业了，因为他们对重要资料做了备份。四川地震也是这样，有些单位有些企业的所有资料都毁于一旦，世贸大厦倒塌后这几家公司的数据没有丢失可以迅速展开工作。我们在别的方面在正常管理包括生活管理都需要发散思维，这是非常重要的。

第二，管理能力。

管理能力受好几种素质的支配，其中非常重要的素质是文化素质。管理能力和文化素质有何关系呢？文化素质在很大程度上支撑着一个人的管理能力，一个是管理方法，一个是管理文化，全世界管理方法是一样的，复旦大学教授苏东始是研究东方管理文化的，他把东方管理文化总结为八个字：人文为人，治心为上。我把它进一步浓缩成四个字：治心安然。作为管理者首先要治心，给大家做思想工作，下属再各自发挥自己的作用，管理者管的是人，每个人在人格上和你是平等的，必须思想上沟通，知道他想什么、需要什么、有什么困难困惑，才有可能管好他，你要管理他、要揣摩他的心思、把握他的思想脉搏，要有文化素质。外国长篇小说写一个人的思想活动时会写好几页，多看长篇文学可以善于知道别人想什么。日本要培养"四合一"人才，"四合一"就是懂科技、懂文学、懂经贸、懂外语，日本的大企业都是"四合一"人才，管理经验丰富，都有非常深的文学造诣。我前不久看《商业周刊》，有篇文章是《新趋向：文科院校毕业的受欢迎》，杭州大学1977年恢复高考后历史系招了40名学生，过了20多年，校庆时大家都回来了，发现有15个房地产老板，杭州最大的房地产老板都在这15个人中间，这不是偶然的现象，这些人没有学过经济，怎么会成为房地产龙头呢？历史系学生有非常高的人文素质，思考问题的角度不一样，能够做宏观把握。开玩笑地说，历史系的人被抓起来会想胜败乃兵家常事肯定不会说出同伙，经济学的人被抓起来会想如果自己不交待另外的人交待了自己就罪加一等所以要先交待。不同专业背景思考问题的角度不一样，一种更讲宏观，具有人文特色，一种是冷冰冰的经济，我们从中可以得到启发。

  如何提高文化素质呢？人文素质是东方的传统文化，东方传统文化的载体是国学经典，从中汲取东方管理的智慧。我们都知道"半部《论语》治天下"，日本有一本书是《论语加算盘》，用《论语》代表管理文化，用算盘代表管理方法，详细说明《论语》需要算盘去实现，算盘需要《论语》去拨动，说明了管理方法和管理思想之间的关系。《孙子兵法》被称为管理圣经,《管子》是闪烁着管理智慧的书,其中有很多东方管理制度,人们对这本书一般认识不够发掘不深。构建和谐社会,我们只讲了人与自然的和谐和人与社会的和谐,还有一种和谐就是人内心的和谐非常重要。只有和合才能构建和谐社会,第一个"和"是不同素质的人在一起和睦相处,第二个"合"是彼此融成一个有机的整体,构建和谐社会要有和合的理念。我想举一个非常简单的例子说明和合的理念,大家知道人工珍珠是怎么做出来的吗?人们硬性把河蚌打开放进几粒沙子,蚌是软体的,放进沙子之后它非常难受,我们鞋里要进了沙子还得脱下来倒掉,但蚌没有手没有脚没有办法将沙子清除出去,但它并不是从此以后只是痛不欲生,而是本身分泌出一种液体把沙子包裹起来,让沙子对自己没有损害,于是就形成了珍珠,这是自然界非常典型的和合理念。在家庭生活中处理夫妻关系时,包容对方的缺点就是要达到和合。在日常管理中间也涉及到和合概念,赣江是章水和贡水合起来的,章水流域的说叫章江,贡水流域的说叫贡江,双方争执不下,一个地方官员说叫赣江,把章和贡合起来。在现代社会管理中也有和合管理的概念,杭州西湖边有个雷锋塔,1939年倒掉了,前些年有些部门要求重建雷锋塔,文物保护部门不同意,因为塔基已经清理出来被用有机玻璃保护起来了,双方争执不下,最后决定建的塔是钢木结构,在塔基上再建一个塔,既能看到雷锋塔当年的风采也能瞻仰雷锋塔当年的塔基。

还有一本书《易经》,隐藏着非常深厚的管理智慧。现在有决策管理学,美国西蒙教授创建了这个学科,他获得了1978年诺贝尔经济学奖,他是决策管理学的泰斗。前两年北京邀请他到科学大会堂讲学,西蒙教授到了承德的避暑山庄,看到乾隆皇帝读书的房子上挂了个牌匾写着"四知书屋",里面还有个牌匾,写着"刚柔密大",导游说这是《易经》中的一句话,是知柔知刚知微知彰,乾隆皇帝把这句话浓缩为"刚柔密大"四个字。西蒙教授想了半天,他说管理学的精髓就是这几个字,不仅适用国家的管理也适用企业管理,所以他回到科学大会堂再没有吹他的决策管理学,就讲了对这四个字的理解。"刚"是坚持原则寸步不让,具体问题具体分析灵活变通,"密"就是关注细部,"大"就是宏观把握不要事事具细。每个人都在刚柔、密大之间寻求最合理的度,你把握的度好就是个高明的管理者。只知道"刚"只按照原则办事不知道考虑具体情况是不行的,一味灵活变通不坚持原则也不行。如果只知道"密"不是好的领导者,长期做办公室关键时刻不到基层也不行。我们也经常到避暑山庄,我们的管理者、企业家就没有发现这四个字。

给大家推荐一本书是《道德经》,现在《道德经》被翻译成各种文字,外国人通过《道德经》了解中国人处事的方式,了解中国首先了解《道德经》。德国是哲学家的故乡,从古到今产生过很多著名的哲学家,德国每四个家庭就有一本《道德经》。去年德国电视台(相当于我们的中央电视台)给大家出了一道题目是最知名的中国哲人是谁,投票选举的结果是老子。德国很多企业家,要方方面面看老子的《道德经》,从中汲取经验。德国足球皇帝贝肯鲍尔踢足球取得辉煌成绩很大程度上取决于《道德经》,前两年世界杯足球赛的时候,有个企业家给他赞助了一架直升机让他在各个赛场上穿梭,给这架直升机起的名字是"老子号",不管做什么事情,不同时期的座右铭就是《道德经》中的话。他刚开始踢足球的时候,他的座右铭是"千里之行始于足下",就是要注意提高自己的素质。与运动员关系密切的几项素质是身高、爆发力、耐力,要提高他的基础素质。当他足球踢到非常高的时候,座右铭变为"胜人者利胜己者强",战胜别人对自己有利,主要的对手不是别人而是自己,约束患得患失忧虑自卑的情绪,保持自己的心态,把自己的技术发挥出来,超越自我就是战胜自我。贝肯鲍尔战胜自我、当上足球皇帝宝座之后突然宣布退居二线，因为他的座右铭又换成了"功成身退"。一个外国踢足球的人，在不同时期的座右铭都是《道德经》来指导他，老子是我们的祖先，我们有多少人在工作管理实践中运用老子智慧呢？我接触到一些日本韩国的企业家，他们的办公室挂的条幅经常是老子《道德经》中的话"无为而治"，这是管理学的最高境界，最高的管理是感觉不到他在管理，最典型的是高速公路，感觉不到他的管理，但井井有条。

第三，公信力。

就是使大家能够相信自己的能力，如果别人不敢借钱给你、不敢和你合作，说明你失去了公信力，公信力也是一种能力，是让别人能够相信自己的能力。公信力必须要有相关的素质来支撑，最重要的素质是诚信素质，诚信是道德素质的基石，如果一个人不诚信，不可能有爱心、同情心、羞耻心、职业道德。诚信是中华民族的传统文化，君子先要做人，人做好了才能做事，诚信是支撑一个人公信力的非常重要的因素。我们有一个资产过亿的名人企业家，1980年代创业时没有钱，从亲戚朋友处借钱迅速筹集20多万元，别人愿意借钱给他，源于他的小故事，他因为一些小事和别人打赌，谁输了就把村头的石头搬走，结果他输了，第二天他就真的是挑石头去了，对方说不过是开个小玩笑，但他说输了就要守信用，于是靠愚公移山的精神用三个月的时间把石头挑走了，然后他在原地种了三棵桃树，他的诚信在方圆几十里传为美谈。四川地震时我看到一个小故事，一个人被砸在废墟下面，摸到笔在手臂上写下"我欠王老大三千元"，然后他就晕倒了。后来他被救活了，对子女说如果他死了这就是他的遗嘱。他在临死之前先想到欠别人的钱没有还，他的诚信值得我们学习。产品做好后做好广告还远远不够，还要做到诚信，产品要成功有三大要素：一流的产品、成功的宣传、诚信的品牌。建立一个信誉要20年，毁掉它5分钟就够了。金华火腿1200年的历史，被曝光在制作过程中喷洒敌敌畏，到现在仍然一蹶不振；冠生园用了剩的月饼馅而破产。诚信风险是非常大的。北京同仁堂做得非常好，程序再复杂、药物再多，都不能偷工减料，虽然做药的时候看不见，但冥冥之中有双眼睛看着你。紫雪丹必须用金锅银铲，那时同仁堂没有金锅，就动员家属把金首饰拿下来和药一起煮，为了保证药的疗效。诚信非常重要，如果别人都不相信你，你将什么都做不成。

第四，承受能力。

承受能力和心理素质有关系，心理素质非常重要。汶川地震后，救援的时候送去帐篷物品，还派去了很多心理医生，因为心理承受能力非常重要。企业界每天在市场拼搏，如果没有输得起的心理状态是不行的，不可能每次都赢。企业家60%都不同程度地存在心理疾患，有个成功的企业家到人多众广的场合会莫名其妙地冒虚汗感到恐惧，不能正常进行交友，长期多心猜疑，害怕别人绑架他、害怕别人算计他的财产。要有输得起的心理，好的心理素质，生活中难免会发生不愉快的事情，每个人一生都会遇到，如果没有好的心理素质一次就会垮下来。古代的罗马皇帝是如何选择在前方打仗的军事将领呢？前一天派人去看被判了死刑的犯人是辗转反侧还是呼呼大睡，呼呼大睡的第二天赦免派去前线。我们不能借鉴这种方法，但因此可以知道心理素质影响一个人能力的发挥。前苏联女子游泳队总是不能取得好的成绩，换了一个教练，半年后取得了好的成绩，队员们非常高兴，将教练扔到水里，结果教练在游泳池里连喝几口水大喊救命，他是一个大学的心理学教授。因为发现游泳队不是技术不好而是心理素质不好，于是请了一个心理学教授当教练。红军长征到达陕北，出发时几万人，到陕北只有几千人，这些人有坚强的革命意志，很少有人注意到他们都有非常良好的心理素质，文革中老红军几乎没有自杀的。现在

> 提高素质有三种途径：一是终身学习，二是把知识转变为智慧，三是知道怎么样去做。

一些企业招聘，北京一个外资企业招聘部门经理，笔试、口试后只剩下三个人，让三个人在房间里等，说会把考题送过去，房间里有电视有书有床，但不能上网不能打电话。第一天三个人都看电视睡觉看书，第二天两个人开始焦躁不安，第三天那两个人更加焦躁不安，只有一个人三天如一日，该看电视就看电视、该睡觉就睡觉，保持恒定的心理状态，结果他被选中了。心理素质非常重要。

提高素质有三种途径：一是终身学习，二是把知识转变为智慧，三是知道怎么样去做。

重点讲一下终身学习，1974年联合国教科文组织提出"终身学习"的概念。美国杂志发表文章说现在人们都长寿，主张50岁的时候再上一次大学。知识需要重新更新，要活到老学到老。美国一个94岁的老太太和22岁的孙女一起戴上博士帽，她准备就业，美国75岁以上的老人能继续工作，就业率6.4%，最大年龄105岁。知识更新非常快，联合国教科委组织说现在的文盲是不会读书识字，不会识别现代图表，不会使用计算机。要不断学习，有一个打工仔通过努力当上了老板，他招了一批员工，先进行培训，讲话后和每个学员握手表示勉励，他拍拍一个打工的人的肩膀说"你要好好学习，我原来也和你一样"，打工的也拍拍他的肩膀说"你也要好好学习呀，我当年也和你一样"。人要活到老学到老，知识要更新，集中时间学习。今年高考我国最大的考生是79岁，他的孙女儿子都反对他考，但他仍然要考大学。到了一定程度知识需要更新一次。老鹰能活到70岁，在40岁的时候面临着危机，喙不能啄食，指甲特别长，翅膀又厚又硬不能飞翔，它会在石头上把喙磕掉，长出新的喙，把指甲拔掉，再把羽毛拔掉，重新展翅飞翔，一共要用150天。老鹰都要更新生命，我们也要更新知识智慧，这样就不会和年轻人产生代沟，生命就会取得再生。

终身学习是非常重要的，下面讲讲终身学习。

第一，读书习惯。

要能够一个人一天不读书或一会儿不读书就无所适从，只有拿起书来才觉得泰然。读书要成瘾。我认识的一个记者，在美国工作了半年时间，讲了他在美国的一个经历，他有一次和美国朋友聊天，美国朋友问他有什么爱好，他说钓鱼、读书，美国朋友非常惊讶。在美国人心目中读书和吃饭睡觉一样是生命中不可缺少的，不能和钓鱼这些可有可无的爱好排在一起。国外特别是发展中国家的国民普遍有读书的习惯，年轻人在马路上可以捧着书看，法国也是个非常喜欢读书的民族，法国驻中国总领事回国的时候，中国朋友给他饯行，问他买了什么礼物回国，他说买了书，中国朋友问他买了多少书，他说买了两吨。法国人读书是有历史的，1794年法国有个公爵被判了死刑，杀头之前他在囚车上捧着书安然地看，被押上刑场之后折好页把书放好。看书已经成为一种习惯，甚至和呼吸一样，成为生命本能的需求。古希腊哲学家苏格拉底带着柏拉图游泳，柏拉图问苏格拉底如何能成为像他这么有学问的人，苏格拉底没有直接回答，而是把柏拉图的头按到水里，过了一会儿放出来柏拉图大口呼吸，苏格拉底说，"你什么时候对待知识的渴求像刚才对空气的渴求，你就会成为博学的人"。中国在5年之内4次对国民读书习惯的调查显示，现在的国民什么都在增加，读书率却在下降。读书习惯都要自觉养成，只有成为习惯，才会自觉读书、自觉提高自己的素质，下意识地拿起书来看，上海市要求机关人员一年看几本书，和规定必须吃几个馒头差不多，不要下指标，这样永远培养不出读书习惯，而只是为了完成任务。

第二，科学读书。

读书不讲科学不行，用最短的时间、花最少的精神，积累最多的知识才行。日本人效率非常高，买回书之后把书撕成几部分，每个人一部分，第二天讲一讲，看值不值得看。看书最大的成本是时间，看书的头等学问，是知道该看什么书。在座的各行都有，必须看专业书，还有一种书即人文社会类书籍必须要看，它起的作用是隐藏在背后的但却是非常重要的。读经典，现在很多社会企业都在读《论语》。今天给大家推荐一本书《弟子规》，这本书是能提高人的素质非常好的一本书，至少在古代是素质教育最好的教材。广东东莞一公司招聘科普总监的第一条要求就是熟背《弟子规》，因为现在大学生学历都很高，计算机精通，但不懂做人做事的道理，只有用《弟子规》对他进行教育，《弟子规》中有非常详细的解释。北京有一个大学出版社约我改编《弟子规》，搞个《新编弟子规》，我觉得非常好，我把《弟子规》仔细看了多遍以后说我不改，因为除极个别地方不适用之外，其他内容在现在仍是适用的。千万不要在前面加上爱祖国爱人民的话，爱父母爱兄弟，他长大后自然会爱同事爱人民，如果小时候都不孝顺父母，长大后也不会爱人民。古时代的教育非常符合规律，而现在幼儿园上小学的课，小学上中学的课，中学上大学的课，大学补幼儿园的课。好的习惯受益终身，素质教育就是习惯教育，先把人做好，再去研究学问。我们现在学校都进行素质教育，遗憾的是我看到的素质教育基本上不是素质教育，整个国家的人都没有把素质二字的概念搞清楚，有一次我看到素质教育大赛，一个女中学生背着书包上去，从书包里拿出刀切萝卜。北京有很多小孩非常辛苦，周末报各种班，美其名曰素质教育，杭州市去年母亲节对孩子们进行感恩教育，小学生坐在教室的一面，妈妈们坐在另一面，老师问孩子们说如果孩子和妈妈必须得有一个死，同意自己死的举手、同意妈妈死的举手，然后又问妈妈同意自己死的举手，妈妈们全都举起了手，把感恩作为你死我活的选择。还有一个城市放女同志分娩时的血淋淋的场面，有一个小孩对爸爸说原来生我时没有你的事。长大后知道生育子女是男欢女爱的结果可能又不感恩了，不知道该怎么教育小孩感恩。

　　要培养小孩好的习惯。外国进行素质教育，美国大风雪降温急速，穷人家的孩子取暖设备不好，学校让孩子回学校补习功课，富人家的孩子不干说家里的条件比学校好，学校说都得来，富人家的孩子不来，穷人家的孩子自尊心会受到挫伤。美国韩国籍学生枪杀同学后自杀，但是立纪念碑的时候凶手也有纪念碑，因为说他是美国不完善制度的受害者，整个学校乃至全社会都能宽容这个人。他的姐姐在博客里发表文章代表家人对被害人表示歉意，没有人追究他的家属。我们国家出了个马加爵，媒体恨不得杀了他家人，不让把骨灰带回去，只能洒在大海里，只有大海能包容他。德国从小每个人要养一只小动物并且记好动物日记，通过观察呵护动物热爱生命保护环境。德国有一个幼儿园要求每一个孩子捐款，绝对保密，现在我们的幼儿园对家长的情况摸得一清二楚，从小就培养不平等，让孩子的心灵受到损害。英国一上学就教孩子过马路左右看三次，他到老都是这个习惯。印尼海啸的时候一个五岁的小女孩救了几十人，她说海水冒泡是海啸的前兆，对父母和几十个同事说了之后，大家撤离，然后就发生了海啸，幼儿园老师教给了她求生的知识。有可能一辈子都遇不到一次灾难，但遇到一次就完了。日本要学习如何上厕所，老师教女孩子怎么坐在马桶上如何大便小便如何用手纸，这都纳入小学课本。从小讲大道理不懂，但这些好的习惯受益终身。家长不要依赖学校，要从自己做起，家庭教育、学校教育、社会教育，主要在于家庭教育，小学老师也非常重要。母亲的素质非常重要，法国一个教育学家说，一个国家的命运与其说是掌握在当权人手里，不如说掌握在母亲手里。女士们自身的素质是孩子素质教育的第一任老师，良好的习惯都是家长给培养的。教小孩从一点一点做起。让小孩有更加完善的素质教育，我们的国民素质低，是因为素质教育做得不好，我们都有缺陷，希望从自身做起。

乔良

空军政治部创作室副主任，空军大校，中国作家协会会员。1955年出生于军人家庭。代表作《超限战》(合著)提出了现代战争的非本土化、非军事目标、非军事人员等最新的战争理念，两年之后，书中的预言在美国变成了现实。乔良成为世界知名军事家。

解说"三十六计"

◆ 乔良

我在"百家讲坛"讲"三十六计"以后,有观众给中央电视台写信建议停播我主讲的"三十六计",他认为三十六计讲的都是阴谋诡计,是在教人学坏,教人使用阴招损招去对付别人,所以建议中央电视台不要再播这样的节目,我个人认为这是对三十六计的误解。人都有两面性这句话确实不假,但一个人是否会学了三十六计就会成为坏人就会变坏呢?毛主席在其论述中讲过一句话:外因是变化的条件,内因是变化的依据。三十六计是古典智慧中的代表作,中国人能够创造出三十六计,是不是就说明中国人很阴很损很坏呢?

有些人一想到三十六计更多想到的是算计、阴谋诡计,生活中我们无时无刻不需要计谋、谋略,我个人认为计谋就是算计、设计,当一个人确定人生道路准备去做一件事情时难道不需要设计吗?比如你从北京到廊坊或从廊坊到北京,首先会设计道路。"计"是最佳的一种选择,选择最佳的途径、方式实现你的目标,计就是算计、设计。

在今天的生活中可以说计谋无处不在,人们需要大量各种各样的计划、谋划,有句话是"人生不如意十之八九",活在世上人们都希望过美好的生活，但你能完全按照自己的愿望去生活吗？按照自己的愿望过最好的生活是做不到的，能做到的是什么呢？麻烦总是接踵而来，中国2008年以来发生了雪灾、3·14事件、火炬在巴黎被抢在伦敦被阻、胶济线撞车、汶川大地震，国家如此个人也是如此，麻烦一大堆。如何解决？态度决定一切，取决于你的态度，如果大家在这个时刻只考虑自己不考虑别人，对人于己对国家都不利。但中国人显示的是另外一个态度，我们看到事情向好的方向发展。态度决定一切，一种态度是不如意就打退堂鼓，一种是迎难而上开动脑筋想办法去解决问题。开动脑筋想办法就是计，设计、计算、规划、谋划。有些人认为所谓计谋都是算计别人，这是片面的，有时计谋可能是算计别人，但未必一定是阴谋诡计未必就不是在替别人着想，计谋其实是为了解决问题。我看到台湾星云大师写的一本书叫《星云禅话》，里面讲了一个故事。在中国古代有一个老禅师，有一次路过一个地方看到一对夫妻在吵架，妻子有点口无遮拦，骂丈夫骂得很凶且骂的是他丈夫最不能接受的一句话"你根本不是个男人"，男性肯定不认同这一点，当妻子骂他丈夫不是男人的时候，她丈夫："你要再骂我，我就要揍你了。"妻子说"你就不是个男人"！越来越激烈丈夫开始打妻子，打的时候妻子仍在继续骂。旁边的人劝夫妻俩不要吵架但不起作用，正好老禅师路过这里，人们觉得老禅师是更有声望的人，就对老禅师说："您是说话有份量的人，您去劝劝他们吧。"老禅师却说："我为什么要劝他们呢？他们打就是了，"然后提高声音说，"大家快来看，这有人和人在打架，咱们过去看过狗打架鸡打架，没见过斗人吧，大家全来看呀"。大家都很奇怪，本来禅师是向善的，但老禅师看人打架不但不管还煽风点火。夫妻俩打得更起劲了，丈夫拎出一把菜刀，说："你再骂我，我就杀了你。"人们对老禅师说不能再煽风点火了，但老禅师却仍继续喊："咱们什么时候见过斗人呀，现在快要杀人了，快来看呀！"更多的人围上来看禅师表演。禅师开始和大家说十年修得同船渡百年修得共枕眠、前世五百次的回眸才换来今生的一次缘份，如此缘份修来的夫妻打成这个样子是不应该的。禅师把大家的目光都吸引过来的时候，开始讲对夫妻的看法对缘份的看法，打架的夫妻被边缘化了，没有人再理会他们，他们俩也不再打架而是参与进去听禅师讲话，本来有可能演变成惨案的夫妻之间的恶斗就消掉了。人们觉是奇怪，问禅师为什么大家希望他劝架，但他通过煽风点火居然把架劝了呢？老禅师没有回答。我们看到很多禅宗的公案，禅师喜欢故弄玄虚，不明白告诉大家原因。但禅师通过这个办法把问题解决了，大家不得不服，如果老禅师过去拉架可能拉不开反而还会受到伤害，但他通过这样的方式把问题解决了。至于是怎么解决的，他没有说。如果用三十六计来对照，我们看得出禅师的喊叫不是煽风点火而是使用了计谋的，三十六计中有两计与禅师使用的计谋相符，一个是"暗渡陈仓"一个是"声东击西"。明着鼓励大家来看夫妻打架，暗中是在转移人们的注意力，把人们的注意力吸引到自己身边，最后使一场夫妻之间的恶斗消灭。

　　暗渡陈仓的典故发生在秦朝末年楚汉相争的时候，楚霸王项羽和汉刘邦当时还都没有全部拿下天下，处在一种两虎相争的态势。项羽和刘邦之间发生了一次战役，汉军的力量不如楚军，汉军从关中退到汉中地区。刘邦的谋士张良向刘邦进献一计，说现在咱们退出关中往汉中走，但项羽是不放心的，他很担心你到关中以后卧薪尝胆再卷土重来，由于他担心所以肯定会派兵马追杀我们，我们在退的过程中把沿途的栈道烧掉。栈道是把树砍成一根根木头贴着悬崖峭壁排成的路，从陕西一直通到四川。张良建议把所有栈道全部烧掉，一是要是告诉项羽我没有回来的心，我把退路都烧掉了。二也是让楚军的部队追杀刘邦时无路可走，可以一箭双雕。这一步是很聪明的计谋，安定了项羽，且也使得项羽追杀不上刘邦。刘邦退到汉中，汉中是风水宝地是陕南的粮仓，过了一段时间刘邦兵精粮足，觉得有实力和项羽打要杀回关中。但栈道烧完了没有路可走，要绕很远的路。刘邦在汉中派韩信为兵马大元帅，由韩信统兵杀回关中。项羽对刘邦一直有所警惕，派了几个投降的秦朝的将领分别把守一直监视刘邦的方向。韩信想到一个办法，派几百个士兵去秦岭的深山里伐木恢复栈道，每天的进展非常缓慢，消息传到项羽的耳朵里，知道韩信在修复栈道可能要杀回关中，于是派很多兵去监视着。而韩信让大部队绕了一大圈去袭击了楚军重要的阵地——陈仓，由此突发奇兵掀开了楚汉战争的序幕，最后导致项羽自尽身亡。

和三十六计中的暗渡陈仓意思大致相同的是声东击西，故事中的禅师用的既是暗渡陈仓又是声东击西。三十六计的编者在编纂的时候，想到一个非常聪明的方法，就是在中国古代的成语寻找与计谋有关的成语编出三十六计，当年古代特别是春秋战国时期以及之后中国历代战争中所使用的一些计谋形成了成语，具有计谋色彩，三十六计的编者用成语编成三十六计，但他在编的过程中并没有非常仔细地选择成语。当选择了暗渡陈仓时可以不选择声东击西，选择声东击西可以放弃暗渡陈仓，这两个计谋没有太大区别。类似的问题不止这一个，有两三个计都非常相似，反映出编者的局限性，但三十六计仍然是中国古代兵家的最后一部代表作。

> 生活中用计是经常的必需的，不是像一般人以为用计就是要心思耍阴谋诡计在算计别人，而是达到利人利己的很好的效果。

人们在生活中时时处处需要计谋，计谋不见得都是损人利己的，禅师的故事是损人利己的吗？他没有伤害别人，又使事情向好的方向发展。如果禅师不是用这样的方式而是直接上去劝架，效果是否会比这样更好呢？显然这个办法是更好的，更符合一个智者一个老者的办法。年轻人可能上去就能把夫妻俩拉开，但老人没有力量拉开的时候需要运用智慧，这个老禅师的智慧达到了非常好的效果。在我们生活中用计是经常的必需的，而不是说像一般人以为用计就是耍心思耍阴谋诡计在算计别人,生活中使用计谋不一定要算计别人却可以达到很好的效果。

  在生活中并不是只有成年人才懂得计谋,有很多很小的孩子从小就显示出很高的智商,我们可以从民间故事中看到很多很小的孩子就充满智慧。有一个故事讲到古时候一个30多岁的男人一切很顺利,家庭很和睦,小有财产,有几十亩土地有几幢大房子,但他也有不如意的地方就是没有子嗣。中国封建社会讲究不孝有三无后为大,没有子嗣家族不能延续已有的家业不能向下传承,他很苦恼,有心纳妾但老婆是个母老虎,家庭和睦是以他处处忍让妻子实现的,他根本不敢和老婆提纳妾的事。他有个哥哥过继给他的小侄子,不管怎么说不是自己的孩子,他还是觉得不如意。他想起这些事情经常唉声叹气,有一天孩子问他:"叔叔你有什么事窝心吗?"他说不高兴,孩子问他有什么事不高兴,让他说说可能能帮他解决。他把自己的苦恼讲了一下,小男孩一听说:"叔叔,这件事包我身上,我给你解决吧。"叔叔当然不相信,觉得很好笑。一两天时间没有动静,到了一天早晨听到院子里有声音,婶婶看到小侄子拿尺子圆规在丈量,还在纸上记什么东西,婶婶觉得奇怪问小侄子在干什么,他说:"我得量量院子多大面积,房基地多长多大,我琢磨着你们两个人没有孩子,你们的年龄一天天大了,你们要有百年的一天。如果你们百年之后,财产只能肯定落在我手里,我就是你们的继承人,我现在就应该早做规划,要看看落在我手里的财产究竟有多少,我不喜欢西厢房想把它拆了,东面想改造一下,南面还缺个亭子。"婶婶听后很不高兴,回去以后就让丈夫纳妾。小孩子帮助叔叔很轻松地达到了目的,这个孩子使用了小小的计谋,这一计可以算是标准的明修栈道暗渡陈仓,这一计损害谁伤害了谁呢?有人可能会说损害了婶婶的利益,但实际上他帮叔叔实现了目的,按照中国人传统的标准,帮助叔叔完成了繁衍后代的愿望。这是一个巧妙运用谋略的故事。

并不是只有中国的孩子这么聪明，国外的孩子也同样有智慧。不见得先学会三十六计才知道怎样运用计谋，有人生来就有智慧，但想要很有智慧的话，需要懂得什么是计谋，这是我今天讲三十六计最根本的原因。美国有一个八九岁的小男孩，大家都觉得他非常傻，他有一个非常突出的让大家认定他傻的根据，就是他分不清五分钱和一毛钱硬币的大小，把五分钱和一毛钱的硬币扔在他面前，他就捡起五分钱的硬币装进兜里。于是有很多人就向他扔钱让他捡，他都是捡五分的，看见他的人都很好奇地要试一试。他长大后，他的一个朋友忍不住问这个事情，说："你真的不知道五分的硬币不如一毛的硬币值钱吗？"已经长成小伙子的傻瓜说："如果我把一毛的硬币捡起来，还有人再给我扔五分的硬币吗？"就是因为他以表面上的傻捡到大量五分的硬币，究竟谁傻谁聪明呢？答案是不言自明的。这个小孩后来成为了美国的总统，他的名字叫威廉·亨利·哈里逊。小孩身上显示出一种智慧，在三十六计中有相应的计谋叫假痴不癫，装傻充愣实际心里什么都明白，通过愚钝假象迷惑对方，让对方轻敌。成年人以为是傻孩子一次次解囊，虽然每次都不多，但积少就会成多，这个小孩是非常聪明的。

在生活中我们看到许许多多运用计谋的人可能都没有看过三十六计，但他们运用得很巧妙。万变不离其宗，不管这些人是否读过三十六计，所使用的计策在三十六计中大致都能找到，这些都是利己不损人的计谋。

计谋中确实也有很损人的，给大家讲一个故事。在英伦半岛上有素不相识的一个英格兰人和一个爱尔兰人，有一天不约而同决定自己开车去欧洲大陆游玩，爱尔兰人从南到北，英格兰人从北到南，在欧洲的某个点上撞车相遇，撞车后司机要先检查自己的车再看对方的车，商量如何赔偿。爱尔兰人看车时听到英格兰人用英语嘟囔了一句话，就和他聊天说咱们都是英国人，以这样奇特的方式认识说明我们很有缘份，我不管最后责任归谁，我首先为能够认识你感到非常荣幸，我希望交你这样的朋友，我觉得能认识你是我此生的幸运。英格兰人被他忽悠得晕晕忽忽，想想确实是这样，我们两个人生活在毗邻的国家，用这样一种奇特的方式认识不容易，赞同是个缘份。爱尔兰人说："很好，咱们两个人这样奇特地认识，我们两个人应该庆祝一下，汽车责任的问题放在一边。"然后从后备箱里拿出大半箱威士忌，没有杯子就把酒瓶递给英格兰人，英格兰人推却不过把酒瓶拿过去喝掉半瓶把剩下的半瓶递给爱尔兰人，爱尔兰人拧上瓶盖说："现在可以打电话叫警察来了。"各国的法律几乎都规定酒后驾车负全责，警察来了之后一看英格兰人喝得满脸通红，当然认为他负全责。爱尔兰人用这样的方式把英格兰人算计了，在三十六计中也有对应的计谋：笑里藏刀。笑里藏刀就是用人们最容易麻痹的方式麻痹对方以达到自己的目的。笑是最美好的，但有人利用人们对美好表情的信任，达到和实现他的目的。笑里藏刀的故事告诉我们必须懂得什么是计谋，即使你不在政治战场上与政客们厮杀即使你不是商人不是军人，你甚至只是树叶落在头上都害怕的普通人，认为人不犯我我不犯人，计谋对你能有什么用处，也要学习计谋。前一段时间有一本书叫《君子为什么斗不过小人》，君子普遍是德行高尚受教育程度很高的人，这样的人为什么经常败在小人手下？是因为他不如小人聪明？一般来说不是这样，我们看到君子都是受教育良好或者在某些方面显示出才能的人，他们在社会上有很强的自律，让自己的行为成为一种社会的表率，在这种情况下他和小人的生活方式不同，君子往往不去考虑怎么算计别人。小人是百无禁忌，只有比别人更动脑子才有可能生活得更好或者达到他的目的，他会动脑动心机，在动心机的时候往往是君子防不胜防的时候，在生活中可以说你不去算计人，但不意味着别人不算计你，天下掉馅饼砸到你的机会不多，但掉石头砸到你的情况却很多。为什么会受小人气？为什么你被别人算计防不胜防躲不开防不了？是因为你对计谋不了解，一个人生活在世界上，即使你不去算计别人不对别人用计，也应该对计谋有防范，害人之心不可有防人之心不可无，如果你连"计"是什么、"计"是什么表现、别人向你实施计策时有什么表象都不知道，那你就要小心了。比如笑里藏刀，一个与你冷眼相对的人突然有一段时间对你笑脸相迎，这种反常现象应该引起注意，如果没有某种目的，过去对你冷眼相看的人绝对不会改变表情，要当心笑里藏刀。即使你不准备整人害人，也必须有防范之心。怎么能够形成防范之心？首先要知道什么是计知道三十六计要懂得计，只有在懂计识计的情况下才能防计，人的一生中还需要运用计谋。运用计谋有时不见得损人，但可能利己。应该懂得什么是计谋，有一次和王大伟聊天，王大伟说听一位教授说三十六计是中国古典智慧，已经几千年了。我告诉王大伟这个教授起码有一点讲错了，虽然三十六计是中国古典智慧，但没有几千年的时间，这本书的形成时间离今天很近，所以我才称它为中国古典战争兵学智慧的最后一部经典之作。三十六计成书于明朝，很多人并不了解。

  我在"百家讲坛"讲"三十六计"的时候，很多人知道我为"百家讲坛"准备"三十六计"时以为是《孙子兵法》，很多人都把《孙子兵法》和三十六计混为一谈，认为三十六计是孙子兵法中的谋略部分。孙子兵法和三十六计是完全不同的两本书，相隔了两千年的时间。一个产生于春秋战国的春秋时期，吴越争霸，孙武带着兵法从山东到吴国苏州，最后见到吴王把自己的兵法拿给吴王，吴王看后说这本书真的这么有效吗？因为孙武说："得我者得天下，用我者得天下"。吴王不相信，说兵书真的那么灵验吗？孙武说百试不爽，怎么试都会有效。吴王问："你能用你的兵书训练任何人成为士兵，都能听指挥号令英勇作战吗？"孙武说没问题，吴王指着宫女和妃子说她们能变成英勇善战的士兵吗？孙武仍说没问题。吴王派出最喜欢的两个妃子和几十个宫女分成两队，孙武像模像样地发号施令，这些宫女都从来没有受过军人方式的训练，没有人听孙武的话没有人理他，吴王呵呵地笑了，想想孙武不过纸上谈兵，怎么能统率三军呢？可是没想到，孙武突然脸色就变了，说："来人，把两个队长推出去斩首！"大家开始以为他是开玩笑，谁敢杀王的妃子呢？但后来听孙武是认真的，吴王说："这可是我的两个爱妃，寡人没有她们睡觉都不得安生，我已经知道将军的厉害了，把这两个人留下我拜你为大将军。"孙武不听，"我要行使我的权利，来人把这两个人推出去斩首。"然后孙武说了一句流传至今的话"将在外君命有所不受"，意思是统兵的将帅在外，国王的命令都可以不听。于是真的把吴王两个爱妃的头砍掉了，所有宫女都吓坏了，孙武再挥旗时宫女没有不听的，几个小时就训练成了，孙武把令旗交给吴王说："你可以检阅部队了。"吴王一门心思想着两个爱妃，说："算了，算了，我现在知道你统兵的才能了。"吴王郁闷了一段时间，毕竟国事为大，他想称霸中国，感觉孙武确实厉害，拜他为大将军，在孙武和伍子胥的辅佐下吴王最终成为一代霸主。孙武就是写《孙子兵法》的人，《孙子兵法》和三十六计并不能混为一谈，这两本书有很大区别，是两个人写的，相距两千多年。虽然都是兵法还是有高下之分的，谁高谁低呢？《孙子兵法》高，三十六计要低一些。《孙子兵法》是一部战争哲学是一部军事哲学书，在很大层面是从哲学战略高度去看待战争去解决战争中的问题，三十六计的编纂方式是用中国古典因谋略战例部分形成的成语构成计谋，更多的不是从哲学层面来讲的，虽然也大量借用了《易经》中的一些话，但基本上不是一部战争哲学书，我们对它的准确评价是三十六计是兵法实用手册。中国小男孩美国小男孩英格兰人爱尔兰人可能都没有读过三十六计，但本能地会去运用它。有意识地学习三十六计之后会发现非常好用，当要使用某个办法的时候很容易对位，面对一个难题不知如何解决，读一读三十六计会茅塞顿开，会找到应该运用的谋略。《孙子兵法》不是这样，如果没有很深的文学修养和对文字的领悟,会不知《孙子兵法》所云,有些现在成为常识的话我们了解得很透,如"知己知彼百战不殆",即要知道自己有什么实力又要知道对方有什么手段本事实力,你才能做到每场战斗都能打胜。明明懂得这句话,但到了战场上要想做到知己知彼仍然很困难,你会受到手段和本人心智的限制,不是一个思考问题非常全面的人,当战争的信息到达你的时候可能考虑不周做不到知己知彼,即使你心思缜密但对对方情况了解不透,也做不到。孙子兵法中的很多思想不是学到了就能运用的,但三十六计不同,三十六计是实用手册,学到的可以马上拿来就运用。《孙子兵法》中有一句"不战而屈人之兵",如果在跟对手对阵对抗的时候,通过不战的手段就让对方屈服。有几个人懂得这句话是什么意思?有几个人懂得这句话是说给谁听的?国防大学、军事科学院的专家们都讲不战而屈人之兵是战争是军队统帅作战的最高境界,在我看来这个理解是不正确的,军人要追求不战而屈人之兵,要军人做什么?军人就要让自己学会和达到对敌人战而胜之,军人要考虑怎么打胜仗。谁来考虑不战而屈人之兵?这是领袖是政治家是帝王的事情。孙武写这句话不是说给军队听的,是说给王们听的,告诉王轻易不要打仗,凡动刀动兵对一个国家是有伤害的,胜利者也很惨烈,会有大量人员伤亡,为了胜利会有大量财富的消失。孙武还提出要慎战,慎重选择和发动战争,告诉王们如果能通过不战的方式达到你的目的是上策,这是最好最高的一种境界。我们的某些专家理解成是军人的最高境界,历史上似乎有过军人不战而屈人之兵的事情。德国侵占挪威的时候只用了两个连的兵力排着队吹着军号,挪威就挂出了白旗,挪威为什么要投降?因为德国已经把整个欧洲握在手里,在这种情况下挪威知道自己根本不是德国的对手,所以当德国兵吹着鼓乐敲敲打打去的时候,挪威就得投降了。德国在别的地方充分显示了战斗力,挪威只有投降。北平解放似乎不费一枪一弹,但事实是三大战役打得如火如荼,辽海战役已经结束,天津已经解放，傅作义把握的北京孤掌难鸣，只有投降一条路，不投降只能送死，死了也没有意义，傅作义部队的死仍然不能挽救蒋家王朝。是因为其他战场的胜利导致这一次不战而屈人之兵，不能说是整个战争能不战而屈人之兵。如果共产党和国民党刚开始在三年解放战争较量的时候，共产党告诉国民党最终要失败让他们投降，北平就能和平解放吗？是通过三年时间把国民党军队消灭得差不多的时候，才出现北平和平解放。军人千万不要认为军人的最高境界是不战而屈人之兵。

三十六计究竟是怎么回事？为什么要选用三十六计？为什么是三十六而不是七十二、八十一呢？这和三十六计编者深受易经影响有很大关系。在中国的易经八卦里有两个数字是非常重要的，一个数字是九，一个数字是六。在周易里九是阳数里的最大数，六是阴数里的最大数，九个九是八十一，六个六是三十六，意味着阴数里的极限数字是六个六。在中国古人看来计谋一定是属阴的，所以人们会说阴谋诡计、这个人和我玩阴的，背着阳光的是阴，古人认为计谋是见不得人的，想实现一个事不能告诉别人就是阴，在背地里在黑暗中在暗室里，所以现在有一个词叫暗箱操作，这都是属于不能让别人知道的操作办法。计谋是在阴处使用的，在阴处使用的数字的极限是三十六，三十六计就等于是计谋的极限。其实并不见得是这样，三十六计选择了三十六个成语，中国成语能够进入计谋的何止三十六个？但编者认为三十六已经是极限数字，具有象征意义，所以选择了三十六条计。三十六计是如何分配的呢？分配了六个套盒：胜战计、敌战计、攻战计、混战计、并战计、败战计，胜战计是当你具有优势的情况下你完全可能取得胜利的时候应该使用哪些计，敌战计是和敌人势均力敌的时候要使用哪些计，攻战计是进攻的时候可以使用哪些计，混战计是混战成一团的时候可以使用哪些计，并战计是要兼并敌人或者兼并自己的兄弟友军的时候使用的，败战计是处在下风劣势的时候应该使用什么计，有些东西并不是十分科学。三十六计有一个序论，非常短的一句话"六六三十六，数中有术……机不可设，设则不中"，在这个数字中隐含着计谋，在计谋中隐含着数字，事先不能设定，不能违背客观规律，超出客观实际设计都做不到，因为客观不具备条件，不能违背客观规律去设计计谋，但如果符合客观规律，计谋就可能实现，甚至有些人的阴谋诡计都可能得逞。

三十六计的总论讲得很清楚，中国的这些计谋几千年来延续到三十六计划了一个完整的句号，从此以后中国人的兵学传统基本上就断了香火，近现代以来很少再有经典的兵法问世，基本都是解释前人的兵法思想。从汉代以来罢黜百家独尊儒术，宋代赵普号称"半部论语治天下"。《论语》有一个逻辑，人怎么能成为国家的人上人成为一人之下万人之上的人呢？通过哪种途径能做到呢？孔子教给你的办法是修身齐家治国平天下。一个人把自己家管好，就能管好一个国家，这是孔子开的一个药方，在宋朝朱熹后才有非常明确的概念。一个人首先要自律要成为完善的人，才可能让家庭很和睦，把一个家管好才能管好一个国，管家的道理和管国的道理是一样的。然后就能平天下，把全天下纳入囊中。这个道理能不能说通呢？实际上这是一厢情愿，生活中有很多很自律的人，但管不好自己的家，他拿自己像母夜叉的老婆无能为力，对不孝顺的儿子也无能为力，他本人很可能是很自律正派和善的人，但不见得能管好家。有人很自律也能管好家，但当领导一塌糊涂，可能自己不是腐败分子，但却给腐败分子当了保护伞开了绿灯，修身齐家不一定有治国的能力。中国有很多人治国治得还不错，但平天下一点能力都没有，到国际上一点经验都没有。孔子讲的包括朱熹总结的这个道理根本说不通，单靠儒家的东西用道德治国解决一切问题是不行的。实际上一把钥匙开一把锁，用一个道理去解决所有的问题是做不到的，什么问题就该用什么办法解决，包括需要用谋略去解决的用道德伦理是解决不了的，这就是今天我们为什么要了解要懂得计谋的原因。这些年兵学计谋在国外渐渐成为显学即显赫的学问，原来我们兵法计谋的书籍无人问津，这几年也开始兵法热，不是因为大家对军事感兴趣，而是利用军事中的谋略经商。兵法经商热从日本转到韩国，东南亚再到中国，中国人才发现老祖宗的智慧对今天的我们很有用，兵法经商可以大大提高效率增加效益，帮助商人们管理自己的团队工厂企业，兵法经商成为显学，连我们这些和经商无关的人都被商人请去谈兵法，他们希望从中得到挣钱管理之道。要想了解三十六计了解兵法了解计谋，就需要认真的懂得兵法计谋这些东西在实战中的运用，有些商人请我去讲三十六计，我专门有一篇讲稿是《三十六计与商战》，所有的计讲的都是如何赢利算计，视野想法很狭窄，在其他方面运用的时候都告诉你的时候你才会茅塞顿开。

不是要一招一招地学这些招，你应该了解这些招，最需要打造的是你的思维方式。学习谋略学习某种思维方式，一般来说比较成功的计谋往往是逆向思维的，大部分人都是正向思维的，很少有人懂得逆向思维的诀窍。很多人正向思维还以为很对，比如说大家面对我，你们今天看到的乔良这个人是妖魔鬼怪恐怖分子用他的思想启发本·拉登的教师爷吗？很多人会觉得不像，会觉得我很面善，说我有佛相，这是中国人的看法。美国人怎么说？说我和别人合写的《超限战》是恐怖分子对美国发动9·11袭击的教科书，说我是本·拉登的教师爷。《超限战》是1998年写的1999年出版的，两年后美国发生9·11，我们在书中明确提示世界，美国将在21世纪遭到恐怖主义的沉重打击，恐怖分子会采取小的行动达到战略级别的震撼，当时我们分析了恐怖主义，全书中提到本·拉登的地方有十多处，我们认为世贸大厦将是恐怖主义比较理想的目标。恐怖主义将有这样一些特点：是一些非职业军人，将使用飞船等武器，将在非传统战场展开，主要针对平民，将以战术达到战略震撼。虽然我们没有因为预言得到实现而感觉庆幸，但我们仍然预言准确了。9·11发生的第二天，美国五角大楼的一位三星将军说："两年前中国有两位大校军官写了一本书叫《超限战》，没有引起足够重视，我们有必要重新回过头去读这本书。"这本书被美国海军列为正式教材，是美国这个讲究知识产权指责中国知识产权保护不利的国家盗版了中国的一本书。这本书提出的最核心的思想就是逆向思维，但很少有人真正用逆向思维的方式去理解这本书，当时军科一位专家说我们虽然提出很多新鲜的思想，但认为我们夸大其辞，一位专家说像美国这么强大的国家，什么样的恐怖组织用什么样的战术能够对美国造成战略震撼呢？两年后本·拉登的恐怖组织就以几架飞机对美国造成巨大的战略震撼，美国人开始对我和我的合作者进行攻击，涂黑我们妖魔化我们说我们是恐怖主义的教师爷我们的书是恐怖主义的教科书。仍然有更多的人在误解它，他的思维方式和你不一致。战争正在超出军事界限，当你处于弱势时你不能用军事手段就要用其他手段综合组合手段，逆向思维错位的办法运用就能取得胜利或者保持不败，人们只是道听途说就说你准备对对手打超限战，怎么能战胜对方呢？有人说打金融战，没有像美国索罗斯那样天才的操盘手没有那么雄厚的资金所以没有取胜的可能，打黑客战没有像美国那样出色的黑客网络也仍然不能取胜。这些问题似乎都很有道理，因为你在这方面技财都不如人，还要去打，你当然不如人家。但提问者没有逆向思维没有换个角度，如果读过《超限战》的人还没有理解，我就要怀疑你的理解力了，因为我在书里专门谈到超限战是错位打击的问题。我们都知道田忌赛马的故事，齐国的大将军田忌和齐威王赛马时屡赛屡败，他很郁闷，他手下来了一个人，这个人叫孙膑，据说是孙子的后人，也有兵法传世，是很有才能的非常有谋略的一个人。孙膑给田忌出了一个主意，让田忌用下等马去对齐威王的上等马，这一场肯定输，用中等马去对齐威王的下等马，用上等马去对齐威王的中等马，结果二比一战胜了齐威王。这让齐威王大吃一惊，田忌把孙膑介绍给齐威王，从此孙膑成为齐威王的军师。要运用中国人传统的错位智慧，中国没有索罗斯那样的金融天才不假，资金也不如美国雄厚，但是为什么认为超限就一定是没有索罗斯那样的金融天才的情况下用一些人和索罗斯对抗，用微薄的资金对抗美国雄厚的资金，为何非要是这种方式呢？美国索罗斯这样的金融天才，美国也不是一抓一大把，索罗斯也是不易多得的天才，让他从这个世界消失会怎么样呢？这就是我的金融战，我是消灭这个人让他不能和我打金融战，我的金融战就完成了一大半。我的资金不如你雄厚，我让我的黑客去涂抹你的账号去转移你的资金，等你准备打资金战的时候发现索罗斯没有上班账号上的钱被转走了，我为何拿很少的钱去对付很多的钱呢？换个思路可能就是另外一种情况，超限战讲究的是逆向思维，中国的谋略都在讲逆向思维，正向思维对位思维还没有进入谋略的境界，当你知道谋略是什么东西的时候，是因为你已经具备逆向思维，具备计谋思维的境界，没有进入境界学任何计谋都没有用，当你的思维被打造得灵活自如，不但能正向进入还能反向进入的时候就可以了。

　　学谋略比较便当的方法就是直接进入，直接去看战例，通过学习别人的战例可以学到很多东西。三十六计中的第一计瞒天过海缘自于唐太宗东征高丽的典故，唐太宗率兵到了渤海边，因为唐太宗是山西人没有见过海，山西人爱吃醋，是因为山西的盐碱地太多，酸碱中和需要吃醋。唐太宗没有见过海只见过山，到海边后还没有上船就已经晕了觉得不可能过去。唐太宗手下的大将张士贵回到营帐里找到一个年轻人薛仁贵，这是个非常聪明的将领，当时他在张士贵手下当门客。张士贵说皇帝要打退堂鼓怎么办，薛仁贵说他有办法，如此这般地布置了一番。张士贵找到唐太宗说现在有人愿意为我们这次出征出所有的经费和粮饷，但只有一个请求就是希望陛下光临他的山庄。唐太宗过不了海，在海边待着消耗很大，看到有人愿意出军饷军粮非常高兴，就到他家去。远远地看到一个山庄全都是被布幔盖上的，进去后四面头顶全是布，他们来到一处非常幽雅的小宅，摆着珠宝、珊瑚，唐太宗入座，酒过三巡后感觉大地微微在动，听到外面风声呼呼。后来觉得风很大唐太宗命人打开布幔一看，整个山庄正在海上移动，并没有晕船的感觉，就问怎么回事，张士贵说这是臣子们设的一计，大家已经在海上了，再有一两个时辰就到高丽了。由此产生的典故叫瞒天过海，是瞒着天子把他度过海去的意思。今天瞒天过海作为三十六计的第一计已经不是这个意思，而是在众目睽睽之下我使用的计谋瞒住众人的眼睛让你们不能识别，要瞒着天下人的眼睛去耍手段玩阴谋使用计谋骗过众人的意思。

历史上还有什么瞒天过海的例子呢？举个双向瞒天过海的例子，我们都知道偷袭珍珠港事件，1940年12月7日日本对美国的珍珠港发起了一次突然袭击，给美国的太平洋舰队造成重创，把美国的太平洋舰队击沉或击伤，使太平洋舰队的战斗力全部瘫痪。指挥这次战役的日本的海军的统帅是日本联合战队大将山本五十六，通过反复的训练，日本偷袭珍珠港的办法是美国人在半年前就已经演习过的，日本联合舰队动用全部主力军舰航空母舰远征八千多海浬，上百艘军舰一个多星期不被发现是非常不容易的，但日本人成功了。日本先是在一个很像珍珠港的港湾里训练，美国人没有发现，后来日本渡海远航，美国人依然没有发现。美国夏威夷时间早晨六七点钟，日本海军航空兵发动了袭击，这一次作战美军死亡3000多士兵，六艘战舰沉于珍珠港，日本在一个早晨夺得了西太平洋的主动权。这是日本一次非常成功的瞒天过海的行动，日本人拿下了珍珠港之后非常得意，当日本的航空兵投下炸弹取得战果把"虎虎虎"三个字发回日本大本营的时候，日本国内一片沸腾，认为从此西太平洋是日本人的天下，日本人击败了不可一世的美国，日本人非常得意，显示出了他们的短视。日本人缺少战略家缺少战略眼光，当时的日本人完全陶醉在战术级的胜利上，忽视了战略问题。美国人不是这样，从我们今天看到的史料来看，美国人事先是否知道日本人将偷袭珍珠港呢？有充分的证据证实美国当时的总统罗斯福已经事先知道日本人要偷袭珍珠港，只是美国政府现在不肯承认也不肯解密这些文件，国民党的军统局也知道这个情报，苏联在日本的间谍也获得情报并给了美国，美国在日本的情报人员也获知了大致情报。但罗斯福没有提醒美国太平洋战区司令部，美国在珍珠港偷袭战斗中损失惨重，和美国当时的情况有关。罗斯福总统希望美国卷入第二次世界大战，这样美国才能获得最大利益，才能解救被德国、意大利、日本法西斯占领的国家。美国人民那时候并不愿意参战，战火和他们无关，他们认为美国只要管好自己的事就行了。罗斯福有深谋远虑，认为参与二战美国会获得巨大的利益，事实证明罗斯福是对的，二战后美国一跃成为世界的霸主，美元成为全世界的结算货币，美国的实力成为世界第一。但如何让美国参战呢？当时美国人民陶醉在自己安全的状态，没有人敢打美国，没有任何危机感，这时候让没有危机感的人投入战争是不可能的。罗斯福只好忍痛让太平洋舰队遭到重创，罗斯福的目的达到了。在偷袭珍珠港这一天日本摧毁了重要的战舰，但美国连一艘航空母舰都没有被破坏，前一天航空母舰全都奉命调出了珍珠港，所有决定战争的航空母舰都调离了，战舰却留在港内，因为如果军舰全跑了对美国来说损失不惨重，美国的当权者知道如何解决这个问题，要让美国遭受沉重打击需要作出很大牺牲，但还要把还击的力量握在手里以后才能对付日本的航空母舰。1941年美国就把日本的航空母舰全都击沉，一战让日本损失四艘重航母。日本瞒天过海的时候，罗斯福总统也在瞒天过海，最后占上风的是美国人是罗斯福总统，美国人的瞒天过海表面上不如日本人一目了然，但美国人最后的胜利更长远更有远见最后获得的利益也更长远，这是双向的瞒天过海。无论是山本五十六还是罗斯福都没有读过三十六计，但使用的计谋都没有超出三十六计，是两次成功的瞒天过海，一次是日本人战术上成功的瞒天过海，一次是美国人战略上成功的瞒天过海。

三十六计中有一计叫借刀杀人，这一计其实很损，借别人之手达到自己的目的。现在我讲一个双重的借刀杀人的故事，在二战初期德国和苏联还没有发生战争，德军还没有入侵苏联，希特勒处心积虑准备对苏联动手。有一天情报机构送来一份秘密情报，说苏军的元帅图哈切夫斯基最年轻最有才华，因为他出色的军事思想和谋略发明了一种至今仍在使用的作战方式，图哈切夫斯基元帅既年轻又聪明又具有指挥能力，是苏军冉冉升起的新星。德军的情报说图哈切夫斯基不满斯大林的大清洗想搞政变。希特勒看都是一些推测性的东西没有实际证据就不以为然，但他一直还是在琢磨如何入侵苏联，苏联那些出色的将领已经成为德国人的眼中钉，希特勒拿起情报想到借斯大林之手利用情报把这些出色的将领干掉，于是把负责情报的人找来如此这般的交待。这些人开始下去布置，过了不久苏联的情报机构就有人获得了德军给他们的消息，说有非常重要的情报给他们，就是图哈切夫斯基元帅正在和德军有秘密的联系，有确凿的证据你们想不想要。苏联正处于大清洗阶段，只要有人告密说你是间谍卖国贼马上必死无疑，元帅都成了间谍都想背叛，苏联愿意买这笔情报，德国人开价200万卢布，最初的一卢布能换2美元的时候，200万卢布对苏联人是笔巨款，但苏联人忍痛出血拿回情报，情报是图哈切夫斯基元帅与德军将领的亲笔信件，还有他把情报卖给德国人德国人给他钱他在收据上的签字，鉴定专家居然得出结论说是图哈切夫斯基元帅的亲笔字。于是图哈切夫斯基元帅立刻被抓起来，临时成立军事法庭六个小时后就把元帅及六位高级将领枪毙。希特勒非常高兴，德国人搞的借刀杀人目的达到了，他还要借图哈切夫斯基这把刀去屠杀苏联人。德军在1941年6月22日在600公里的德苏边境侵入苏联，使用的是什么战法呢？就是图哈切夫斯基元帅发明的大纵深理论，对苏联进行了毁灭性的打击，一夜之间上百公里都被突破，在整个德军对苏联发动的战争中是双重的借刀杀人。

洛克菲勒天生是个谋略的高手，从他日常的为人中都能看出来。每次洛克菲勒出差去纽约，总是住在一个高级宾馆的普通房间，宾馆的老板觉得奇怪问他：您儿子每次来都住总统套房而您每次都住标间，这是为什么呢？洛克菲勒说：因为他有一个很有钱的爸爸而我没有。意思是我是个有钱人，我是我儿子有钱的爸爸我付得起钱，我没有有钱的爸爸给我付钱。洛克菲勒在这样一件小事上的回答都非常机敏，在处理事情上也很有智慧。洛克菲勒的一个朋友借给另外一个朋友5000美元，在那个时期是很大的一笔钱，借钱时那个朋友没有打借条，事后不承认。洛克菲勒的朋友把事情告诉了洛克菲勒，说他给朋友写信说："你马上把钱还给我，不然我去法院起诉你。"洛克菲勒让他写"请你立刻把借我的一万美元还给我，不然我去法院起诉你。"然后把信寄给了朋友，这个朋友收到这样一封信后非常吃惊，回信说"我明明借了你五千美元，你怎么说我借了你一万美元呢？"洛克菲勒让他的朋友拿这封信去法院起诉，法院找到那个人把五千美元追回来了。从中可以看出洛克菲勒的智慧，在三十六计中是抛砖引玉，通过写一封信让对方说出借五千美元的事实，达到自己的目的要回了自己的财物。洛克菲勒使用的计谋是非常多样化的，二次大战结束的时候，罗斯福、丘吉尔、斯大林商量要成立联合国。哪个城市愿意接纳联合国呢？纽约。美国的土地都是私有制，谁愿意出这块地呢？洛克菲勒，洛克菲勒买下一块地，如果他送给联合国人家会说他别有用心，他说不是馈赠行为而是和联合国的一次交易，1美元卖给联合国，把800万美元购买的土地1美元卖给联合国，等于是白送给了联合国，人们都认为洛克菲勒疯了，洛克菲勒不理睬别人的说法。建立联合国大厦后，所有大厦的工作人员要在周边买、租房子还需要生活消费，所有的服务设施都要跟上，各个国家的使团也要租自己的使馆，周边的房地产的地价飞速增长，其他人包括开发商地产商这时才发现联合国周边的土地已经早就被洛克菲勒全部买下了，联合国起来以后随着联合国的升值这些升值给洛克菲勒带来巨大的收益，我们看出了他的长远眼光。这仍然是抛砖引玉，可以说是赚得钵满盆满。把三十六中的每一计看仔细，琢磨深透是可以反复使用的，三十六中有一计叫连环计，就是把好多个计套起来用，因为很多事情不是一计能够完成的，应该有与他匹配的其他计，套在一起就形成连环计。

有人会认为说来说去计谋是算计人的，即使不损人也是为自己。我讲一个既不损人也不利己完全是助人为乐的故事。要过圣诞节时修道院里来了很多无家可归的孤儿，修道院没有更多的钱和食品去救济这些孩子，一个修女到一些富人家敲门希望讨到食物或者礼物，但一无所获。到最后一家富人时，修女想如果还讨不到东西的话孩子们将会饿着肚子过没有礼物的圣诞节，所以无论如何要在这家完成目标。她敲开这家人的门，没想到这家的主人非常不顺心，她说："先生，我是修道院的，今天有些穷孩子在平安夜里没有礼物没有食品，我希望你能可怜他们。"这个富人说："又不是我的孩子，你快滚。"修女说："我希望你考虑一下，虽然不是你的孩子，但比你的孩子更可怜。"富人说："你再不走我就报警了。"修女说："即使您报警我也不走。"富人没有见过这样耍赖的修女，打了修女一耳光，两个人都愣住了，过了一会儿修女说："先生，你给我的圣诞礼物我已经收到了，那些孩子仍在眼巴巴地等着礼物，我希望你能把礼物给可怜的孩子。"富人像被电一下子击中了一样，心里非常惭愧，上楼拿出一个钱袋让修女给孩子们买礼品和食品。以后每年圣诞节修道院都会收到一个匿名的富人给的一笔钱，这笔钱就是那个富人寄去的。这个修女在为孩子们讨要钱的时候使用谋略了吗？她挨了一巴掌仅仅是想到《圣经》中的话忍耐，还是因为她完全被打懵了？这个修女非常清楚此刻她应该做什么，她无论是捂着脸跑掉还是因为挨打叫来警察都无法达到目的，唯一能使用的就是苦肉计，挨了这一巴掌不抱怨，以德抱怨，感化你最终达到目的。这个修女可能没有读过三十六计，但是她的做法在三十六计中能够找到对应就是苦肉计。计谋无处不在，也不见得都是损人利己，有些是利己而不损人，这个修女所做的是完全利他的，为别人挨一巴掌为别人使用

> 态度决定人生的境界。人可以没有计谋，不见得对别人用计才能生存下去，但应该拥有智慧。即使没有智慧也不能没有善良、正直。

这一计谋为别人达到目的，这是一种人生态度是一种人生智慧。

　　态度决定人生的境界，生活中不见得人人都会用计，人可以没有计谋，不见得对别人用计才能生存下去，但应该拥有智慧。即使没有智慧也不能没有善良、正直，善良和正直是人一生最高的境界是人生境界的顶端，善良和正直才是通向人生最高境界的最后几步台阶，不是靠计谋和聪明才智，只能靠人的心灵去打造，除此之外没有别的途径。我们要学三十六计，更重要的是你需要更高的人生境界，对于智慧谋略的运用也不同。只有成天算计别人为自己着想的计谋才是低下的不可告人不能见阳光的，为别人的利益使用的计谋是大的智慧大的境界。

职业是舞台，也是战场

齐文昱　职业规划与就业
周卫中　创业：你准备好了吗？
孙欲晓　跨越彩虹——讲述职场心理
刘瑞璞　成功职场的形象与风格

齐文昱

新东方实用英语学院院长,英美文学学士,北大工商管理硕士。新东方教育科技集团演讲师、培训师。新东方GRE阅读、LSAT阅读、实用英语高级精读及翻译课程专家。曾多次为世界石油大会等大型国际会谈担任同声传译。曾荣获"新东方十年功勋奖"。

职业规划与就业

◆ 齐文昱

我是新东方学校的老师。新东方现在已经慢慢在中国各地建立自己的分校,新东方做得比较熟练的是英语的培训,原来给学生讲课,进行英语4级、6级、托福、雅思考试的培训,时间一般是10天、20天。很多事情需要一边做一边思考,新东方的创始人俞敏洪经过更深刻的思考,想有没有另外一种可能,面对学生的培训不是10天、20天而是一个月甚至更长的时间比如一年、两年,目送学生找到好的出口、找到好的工作、有好的生活。简简单单的十几天的课程叫培训,两年时间的课程叫教育。比起培训,教育是更博大更长远的事情。

作为老师,我面对过许许多多的学生,发现现在的学生中迷茫是常态。学生们总是特别无奈地发现今天的生命和昨天没有太本质的区别,明天还没有到来,但如果不出意外基本上可预言和今天仍是差不多的,我们走过许许多多的岁月,发现生命中留不下任何痕迹。我们身边的树已经经历了几十年甚至上百年,会发出很多有关生命的诘问,树的年轮可以记载生命,我们一年年走过,有没有什么让我们的生命留下重量?

迷茫成为一种常态，当有了学历文凭之后一个巨大的困惑是就业。北京有个国际展览中心，每个周末会有人才招聘会，于是每次人才招聘会我们都会看到许许多多的人拿着简历找工作。在这样的年代，我感觉真正负责任的教育是就业教育。现在我看见大学生就像看见我自己，因为我和他们一样一年一年慢慢走过4年大学，所以我愿意和大家分享就业方面的问题。

我们活在这个世界上，慢慢变得成熟之后，发现世间万事原本简单，要想有好的职业、未来、前景，就要明白一个道理，即所谓人生要做好一件大事。大学生每天朝气蓬勃、充满幻想，美国有个学者演讲说每人都要有一个梦想，但是做太多的梦也没有意义，做了太多的梦，到老去的时候发现一个没有实现，不如真真切切有个目标，坚定努力、淡定地往前走。一辈子过得很快，人的生命是有加速度的。走进大学校园，大一的新生满脸的纯真与梦想，4年的风霜雨雪走过，学过什么已经变得模糊了，无法忘记的是一些片断，无法忘记初上学时你的父母和你走进校园，看见你梦想中的校园，记忆中那一天的阳光，无法忘记在宿舍中和同学们聊到很晚，宿舍的温暖是一生一世值得记忆难以磨灭的，无法忘记毕业时洒泪分别的动人场景，这些加起来就是大学。大学是一种教育更是一种经历，美国一个散文家说：经历并不是你周遭所发生的一切，而是你在周遭发生的一切中做过什么。杨澜说：人生可以不成功但不可以不成长。随着年龄的增长，在你回头去看发现你做了什么的时候，你就已经在成长。走过大学你会发现人生苦短，入学4年毕业之后22岁，有了第一份工作，到了25岁不管男生还是女生会发现人在25岁之后会加速，30岁以后会有家庭有工作，生命在一瞬间就过去了。

在短短的人的一生岁月中我们要做什么？人不要做太多梦，把一

> 人生可以不成功但不可以不成长。随着年龄的增长，在你回头去看发现你做了什么的时候，你就已经在成长。

件事做到极限就可以了。我常对学生说人生是为一件大事而来,人来到世界上,每个人都有一样的机会把一件事做到至真至美,你会发现你能做好的就是一件事情。英国有一个语言大家,他编过一套教材,告诉大家该怎么学英语,那就是在英语教材中非常著名的《新概念英语》,一至四册陪伴很多人走过学习英语的岁月。《新概念英语》的作者前几年去世,他在临去世时忽然觉得他的责任在于行走在于播撒,让人明白语言真正的意义,他说:"我明白了我生命的意义和使命何在,我做了、努力做了且做成了,职业很圆满,人生很成功。"武汉大学一个教授课讲得非常精彩,衡量讲课是否精彩看学生的上座率就可以了。有的大学老师上课就拿出书低头念讲义,很神奇的现象是学生听了一年课没有见过老师的脸,有的大学老师通过点名来提高上座率。武汉的这位先生讲课时班里的人总是满满的,甚至还有外系的学生在走廊里听课。在一个闷热的武汉的夏天的傍晚,这位先生和朋友在黄鹤楼下喝酒,朋友说:你在大学教书这样好但感觉难以再上升一个平台,你既有才又有情,才情兼备的人在大学里给一个班一个系讲课,再没有上升的空间,你要寻找一个更大的平台,让天下所有的人侧耳倾听。当时这位先生付之一笑,两年之后他的生命中出现了中央电视台的一个节目"百家讲坛",让他去讲他很喜爱的《三国演义》,这位先生叫易中天,易中天说他自己职业的辉煌是在60岁之后。

我刚才所讲的两个例子一个在英国一个在身边,从两位大家身上我们看到名人给大家所做的是一种传播一种分享,名人尚且如此,何况渺小的我们?我在中国巡讲,走过很多高校,所谓成功人士励志,说你们要成功、努力、做梦、奋斗,大学生被"成功"洗脑,好像是成功人士在高处点化芸芸众生。但我们从来没有思考什么是成功,成功可能等于财富,但这个世界上太多有财富的人并不快乐,面对这些虚无数字的财富和内心的快乐,到底什么最重要?

中国有位先贤早就说过什么是成功,林语堂说成功的人就是:要快乐旷达地忍耐、和平地工作、静静地幸福,这是我们最终的所求和最终的标的。我对学生参解这句话,选定一个专业走入职场时,第一个标的是要有一个专业。大学生都有一个专业,爱你所学的专业把它学到极限学到最精彩,不管这个专业有多冷癖,学到特别投入、特别忘我、不知东方白、不知夕阳尽,你都会有非常好的前景。专家太多指导太多建议会让我们迷失自我,其实天下原本没有热门、冷门专业,关键在于你的专业学得有多好,对任何一个专业付出足够多,成为顶尖人物,都是会有前景的。学得如此优秀如此卓越,上苍在云端看着你,怎么会不给你机会?人活在世界上,需要经历爱情,关于爱情也是大学后才会懂得的,要有一个人守候你陪你慢慢走一起奋斗一起分享,从一无所有到什么都有,有了稳定的家庭之后,你再回头过来会发现、懂得什么是爱情,你步入职场,不管工作到多晚,都有一盏灯在等你,这就是爱情,这样的人生就是快乐的人生。

我不是所谓的成功人士,只是一个普通教师,很多方面智商很低,只有英语这个专业还算凑合。我从5岁开始学英语,现在很多小孩很早就开始学英语,但我那时从小学习英语的孩子并不多。苦学英语并不是我小时候天资饱满、特别勤奋,而是因为这个世界上很多事情往往是阴差阳错导致的。如果你们仔细看我会发现我和很多中国人长得不一样,我妈妈也发现这个问题,这成为我巨大的动力和压力。我是天津人,在我家楼下有个小花园,有一天下午我在小花园里玩,一个妈妈领着孩子玩教这个孩子学单词,教完之后妈妈测试孩子,孩子特别可爱但不太聪明,妈妈问他什么都不知道,妈妈说不是刚教过你吗,他说忘了。这个时候我发现这个妈妈特别了不起,她没有训斥孩子,训斥孩子后果是非常严重的,可能会让孩子丧失所有兴趣和激情。我教过特别多的学生,中国很多大学生学不好英语,可能是承受太多考试之重,也可能是某个下午某种情节某段训斥让他对英语毫无兴趣。这个妈妈也没有直接告诉孩子单词怎么说,轻易得来的东西我们永远不懂得珍惜,这个妈妈很有孔子的风度,指着我的方向对孩子说:"去,问一下那个外国小朋友。"小男孩满脸求知的渴望奔向我,迫使我回到家刻苦学习不辜负那么多人对我的希望。我步入职场后做的第一份职业是同声翻译,把中文翻译成英文,做了三年很有挑战,对我的人生是非常重要的磨砺。我认识了很多优秀的人,各位同学步入职场后要懂得经常和比你优秀的人在一起,经常和比你优秀的人在一起就是成长。在那三年职场生涯中我感觉那种岁月是充满激情的,每天上午的商务会谈9点钟开始,我会4点钟起床,冲一个凉水澡,摊开材料做最后的准备,当在洗手间打领带的时候我会突然发现中文太伟大了,然后对我的生命我的工作充满激情。有很多人在听我讲,在这个世界上你讲话被人倾听是最幸福的。这三年我经历很多职场经验,我反思我的过往,翻译这个职业有个局限,是这个职业无法打破的,翻译所做的事情是用一种语言把别人的话重复出来,不能有加工不能有创作,但我的表达和沟通欲望特别强,我希望有个平台对所有人诉说表达我所有的感怀不受任何牵拌和约束,所以在做了三年同传之后我登上平台做教师,这是我职场上另外一个重要的选择。我在新东方教口语和口译,中国有句话是教学相长,在教英语的同时把你英语的修习和感悟传递给学生,英语中文都融通丰富了。一个教师最可贵的地方是真诚地把你的见解和修为直接展现给学生,学生会喜欢你认定你。

我发现中国学生在学习英语的过程中有两个大的困扰、两个大的挑战,就是单词和口语的问题。世界上的文化很有意思,中国有中国的文化西方有西方的文化,有很多差异和差别,比如在课堂上举手,西方国家和东方国家就有区别。中国从古至今都是先生在上面讲学生在下面认真听讲做笔记,美国是开放课堂,老师不是以讲解为主而是以提问为主,用问题和学生进行互动,推进课程向前走。在美国大学课堂上教授提问时,中国或者东方学生在行为上与欧洲、美国学生有区别，欧洲、美国学生特别喜欢举手，有时候只会一点也会不假思索地把手举起来。东方的人特别是中国人为代表经过几千年儒家文化变得深邃内敛，老师提问时会齐刷刷地把头低下，如果会这个问题想举手，也和西方人不同。西方人是一下子就把手举起来，中国人举手是冉冉升起，伴随着一只手慢慢举起眼睛一边向周围看，如果在冉冉升起过程中发现左面右面的人都没有举手，手就会改变方向摸一下头发然后放下。

我在新东方教英语，我教过十几万学生，至少90%的人都认为背单词是很痛苦的。大学考四六级，开始背单词豪情万丈，再往下发现一个奇迹，真正印象深刻难以磨灭的只有第一个单词，然后发现为了这些单词浪费了许多青春、激情、爱情。一个有价值的老师一定是能给孩子帮助的，真正合格的老师一定是把复杂的东西讲得简单，当学生背单词遇到困难的时候老师就出现，告诉学生方法。其实万物有道，背单词付出很多心血都没有成效，一定是方法出现问题。一个事物背后一定会有方法有技巧，中国学生背单词背得不好，看到不会的单词就紧张，考试结果一塌糊涂，这些都是事实。我们的母语是中文，客观地讲，我们的中文水平其实是很差的，很多人不知道某个汉字念几声，且电脑用得太多，输入法太方便导致我们提笔忘字。我在新东方有一个朋友教英语听力，讲到一个句子让大家做笔记，学生不会写"尴尬"两个字，他发现后拿起粉笔想写给大家，结果在转身的一瞬发现自己也不会写，事后他说："我终于明白什么是'尴尬'，就是当你想写的时候写不出来。"即使我们的中文很差，看到一个生词也不会紧张，这是什么原因呢？我们见到中文的生字之后，也许不知道该怎么读不知道确切含义，但汉字有偏旁部首，汉代许慎写了一本《说文解字》，把汉字做了拆解，后代的子孙在面对陌生的汉字，看偏旁一般能拆出和什么有关，汉字的变通记忆是和偏旁部首的存在有密切关系的，偏旁部首是汉字的密码。英文中有没有这样的密码呢？英文是有编字密码的，英文是有词根的，有了这些词根的积累之后，会大约猜出与什么有关系大致含义是什么。中国学生为什么会面对汉字生字显得轻松淡定面对英语生词变得紧张焦躁？我们四五岁写字的时候，爸爸妈妈就告诉我们偏旁部首，而词根是在大学才学的，这十几年对词根的空白使我们看到生词会紧张。比如"鲜花"的单词"flower"，我们很多老师去教学生英语时，背这个单词是一个字母一个字母的背，小学的时候就几十个单词，这样背没有问题，初中也能应付，当你高中、大学面对三五千单词的时候，再这样背就成效很低。单词背后是有密码的，"flower"前三个字母是英文中常见的词根，表示植物、花卉、花草，和汉语的草字头有些相似。假如你面前有张地图，地图上画着一个美国，我们知道美国有50个洲，美国佛罗理达州是以"flo"开头的，北大季羡林先生说做一件事要知道所有然，"flo"是鲜花盛开的地方，像密码一样暗示了背后的意思。欧洲有一个著名的国家叫意大利，有个城市叫佛罗伦萨，也是以"flo"开头的。这两个城市一个在欧洲一个在美国，但地名背后的情趣意蕴是完全相通的。这就是一个老师给学生的帮助，会发现单词背后暗藏的玄机。学生在学习语言的时候，如果仅仅把语言当成没有生命的是学不好的，只有探究、研究语言背后的方法，才能变得生动变得鲜活。学生要出国的时候有个比较难的考试即GRE考试，GRE考试对单词有更大的要求，大约需要背2万个单词。其实英文中每个单词背后都有方法，拆解一下发现背后的原委才是学习单词的方法。

我做翻译时间比较长，我觉得英语单词翻译成中文同样有文采同样绚丽才可以，中国文化极尽雄浑飘逸，初中时我们学过这样一篇古文，讲到一个打鱼的渔夫在岸边发现一个洞口，发现里面开了很多很多花，陶渊明在《桃花源记》中形容这个地方说的是芳草鲜美落英缤纷；《楚辞》中最具代表的作者是屈原，最有代表的作品是《离骚》，《离骚》中草字头最多，因为屈原一生中的至爱是芳草和美人,从小没有停止对美的追求,兰蕙芳菲都是他对美、对希望最适度的表达。

教师是一份平凡的职业,要讲得精彩需要在教材中寻找真我,晓之以理动之以情去告诉学生。你步入职场之后会发现世间万物原本都是艺术,英语是一门艺术,教学是一门艺术,管理更是一门艺术,只要你的观众客户欣赏就是成功的作品,所以你用心去指引自己就可以。我用教师这个职业来举例,不能说教师应该如何去讲、不这样讲就是错误的,我特别喜欢讲台,因为你可以演绎出精彩的观点。不一样的人站在讲台上面讲述,会有不一样的效果。每个老师去讲课,会有差距会有不同,但老师把自我的特质放大到极限必然是精彩的。大家应该知道新东方的创始人俞敏洪,他讲词汇的境界比我高出很多,是我很多年努力也无法启及的。俞敏洪老师现场做讲座,你可以和他互动,他确实有大师风范,不管这个单词多小多简单多大多复杂,看一下都能信手拈来和奋斗联在一起讲给学生听,俞敏洪认为他适合的喜欢的职业依然是教师,没有见识过他讲课的风采的人,要跟上他说什么加以丰富的想象才能明白,每个单词都会和人生的厚度、意义联系在一起,开场白都是长叹一声说人活着是不容易的,失去什么都不可怕,最可怕的是失去你的心失去你的能力,我们都有生命,生命分两种一种是大树一种是小草,小草很渺小,人们踩过你你会很痛苦,但别人不会因为你痛苦而痛苦。你长成树是一道风景,死了还可以作为木材,活着死了都有用就是生命的美好。其实行行都会有学问,认真经营放大到极限。

> 你长成树是一道风景,死了还可以作为木材,活着死了都有用就是生命的美好。

这些年我只要面对学生,在内心中都对学生充满感恩,这不是表面做秀的话,做教师最大的感动,来自于在一个陌生的城市忽然有个人几年前听过你的课记得你的名字而你对他毫无印象,来自于你在课堂上的话被学生记得且对他的一生有所改变,关键在你内心的澄澈透明晶莹。做任何一个行业都离不开这样的准则，对专业的知识要有深入的理解。

　　对教师这个职业来说，我去引导学生面对英语词汇，发现英语的词根和中文的偏旁相似，中国的中文背后有东方文化，西方的英文背后有西方文化，思想千差万别，导致中文英文运用有很大差异。美国人到底是什么样？只有在美国生活过才知道，美国人和中国人的思维确实不一样，这种教育来自超市，有一次我在美国超市买了一大堆水果去结账，中国人对数字比美国要敏感得多，收银员刷条型码之后说32美元，我从钱包中拿出102美元，如果在中国这样付款没有任何问题，找你70元就可以了。但在美国产生巨大的沟通障碍，小姑娘看着我说100元钱已经够了2元钱做什么用的，我做翻译时间长、做教师时间长，好为人师，我就特别和蔼地和她讲应该找我68美元，她用计算器算了之后说：天哪，太准了，你怎么知道是找你68美元呀。我说加2元找钱很节省，她沉思了1分钟才明白了。这就是东西方文化的差异。我们把世界上任何两个景观、事物放在一起比较，有差异的同时也会有相似，东方文化和西方文化有差异，有差异的同时我们更应知道东方文化和西方文化原本是相似的。中国先秦的著名人物最爱的两个字是"天下"，古人白衣胜雪在庭外散步最多想到的是天下，西方哲学家的作品中用的最多的是自然宇宙，他们的宇宙观和哲学观总是想跳出地球回望这个蔚蓝色的小星球。天下所有的地方、所有的国度、所有的民族内部是连通的，我们在这个城市站在河水旁边做个联想，这条河百转千回可以流入西方的海洋，水边生活着不同肤色不同文化的人群，他们共饮一江之水，原本有人性的相通。美国的南方有一条特别长的河叫密西西比河，哺育了一个著名的作家马克·吐温，他看到河水奔涌而去，想到的是母亲。余光中在黄河边也是想到母亲，发出其实我们也爱母亲，但和母亲爱我们不同，我们的爱是细流，母亲的爱是海洋的感慨。天下的人性是相似的。新东方第一课的教育是关于博爱的教育，慢慢你会发现这个世界也许没有那么宠爱你，当你步入职场有了工作之后会发现生活中有很多无奈，要学会接受、学会等待，即便这个世界看着再冰冷，总会有个人在等你，这个人一定是母亲。人性相通之后我们用语言表达，中文和英文表面形态有差别，但传达同样的人性，所以内里是相通的。传递中文和英文的相似和相通，如果学生能认知这个观点，只要能学好中文肯定能学好英文。

当年我在做同传的时候，在做口译的过程中最怕领导讲话出现两种状态，一种是领导讲话爱用成语，成语在翻译时是有挑战性的，有的领导特别爱用成语，还有的领导讲话爱用古诗词。成语的翻译看起来很难，其实背后也是有技巧的，任何一个职业只有你做得精彩下了努力才会有希望。我当年学英语非常刻苦，在学的过程中我惊讶地发现中文的成语，英文中有对应的说法，只有你去发现，中文成语和英文成语有对应的相通，翻译时就会左右相通信手拈来。很多成语是当年沙翁讲过的话，英语汉语成语相通相似。《圣经》中有一个故事，讲埃及法老想难为以色列人，让他们做砖，砖是在粘土里加上稻草烧制而成，但国王只给他们粘土不给稻草，所以没有原料不能做产品，这与中国的"巧妇难为无米之炊"是相似的。还有一个故事是摩西引领绝望的人往前走，神说不要放弃、要往前走，会有个地方有牛奶和蜂蜜，表示肥沃或者丰饶的地方。在中国我们说一个地方很富饶叫鱼米之乡，同饮一江之水，不同的人国家语言不同但有相似的地方。英文中关于爱情的成语是关于爱情不变的约定，如果译成中文是"执子之手与子偕老"。建议大家关注一下韩国偶像剧，有人说韩剧没有意思，但至少你在看韩剧时会有莫名的感动。光看韩剧是不够的，还要回到现实中看爱情是什么样的，下午5点半到6点钟到菜市场去看一下，各地菜市场互相搀扶着去买菜的老先生老太太的画面很朴实，但越是感人至深的画面看起来一定是朴实无华的。爱情到底是什么？是一生的厮守，去看与爱情相关的语言，就会有提升。做教师也好做任何职业也好，两个字不能或缺，一个叫"才"，一个叫"情"。一个人没有才只有情很可怜，一个人有很多才没有情也不好，只有有才又有情在职场上才能左右逢源。我依然要感谢我的学生，教师也是普通人，我们不是圣人我们会疲劳，但学生们一次又一次告诉我们世界原来可以这么美好，有些经历是一生一世难以忘记的。我打一个比方，当年我教过GRE，班里有982人在上课，一共20天的课，学生来自天南地北。最后一天是我的课，我先讲1个多小时，休息10分钟再讲1个多小时，因为是最后一天上课，大家都充满了离愁别绪，中间休息时很多学生问我的邮箱联系方式。当我准备想再讲课的时候，发现有个纸条，上面的字迹很清秀，应该是个女学生留下的，纸条上写着："齐老师，从第一次上你的课，我就发现我特别喜欢前面那个男生，但我们没有故事发生，因为我是北方的他是海南的，今天是最后一天上课，我发现他已经带好了行李，应该是上完课后就要离开了。我有个小的请求，你再上课的时候如果你愿意的话可以把纸条念给全班的学生听，一个女生在对她前面的男生说她很爱他，那个男生如果心有灵犀如果知道就是我，我唯一的期望就是男生准备踏上归途的时候回头看我一下，这个夏天就已经很完美了。"如果韩剧中出现这样的场景，我们会觉得很俗。但我的震撼是其实我们的生活中并不缺少神话，关键在于我们变得如此成熟如此世故如此冷漠，当时我感动之后真的把纸条念给全班学生听，学生们都在刻苦学习面有菜色，忽然警醒发现世间还有这么感人的爱情，情不自禁地鼓掌，掌声持续了很久。讲台特别高，我从高处看到900多人中有300多人一起回头看后面，那一刻我会记住，在场所有的人都会记住，一生一世都无法找到。这不是一个老师制造的，而是她的真诚给大家带来的感动。

> 其实我们的生活中并不缺少神话，关键在于我们何以变得如此成熟如此世故如此冷漠。

这些感动让大家感觉原来人生可以如此美好。

要把职业做到精彩。你会发现我在英语教学的时候所举的例子都和语言有关,任何一个行业都是这样,知道他们最需要的是什么,最直接地把需要的产品给他们,一定是成功的。除了词汇之外还有口语表达,我认识很多学生,所有的教材都学过,每个教材都学过第一课,中国的学生这些年承受了太多考试之重,语言表达比较僵硬不够鲜活不够变通。口语僵硬和中国学生承受太多考试的重量,作为老师我会发自内心地怜惜,真正想帮他们做些什么,我发现学生在学口语的时候语言会机械地和考试联系在一起,这么多年学生都在背,背出来的英语会脱口而出,但不够生动不够鲜活,比较僵硬。各位到美国在街上看到一个华人,你想知道这个华人是在美国还是在中国长大的,方法非常简单,问他英语中最简单的问题"How are you",看他怎么回答,如果他是在美国长大,每个人都会给你不一样的答案,如果这个人是在中国长大在美国读书,你问他"How are you",这个孩子不管来自中国哪个地方,愣半秒钟搜索初中磁带之后都会回答:"I'm fine, thank you, and you?"中国的一个孩子在美国找了一份不错的工作,薪水还可以,买了一辆车,一次开车时车翻到沟里,孩子满脸是血趴在沟边上,有个美国老太太关切地问"How are you?",孩子一边擦血一边说"I'm fine, thank you, and you?"。面对这样的现实,作为职业教师,我会告诉学生口语学习没有太多方法,现在讲方法讲得太多讲实用讲得太少,就像中国人写字,书法有绝窍吗?就是临摹。口语也是一样,口语是某个人发明创造的吗?不是,是自然存在的,没有太多方法引导训练,模仿就可以了,引导学生不断坚持,用独特方式引导,学生看英文的动画片,所有女巫讲话的方式都相似,声音曲线背后是有章法有规则的,画声音曲线再去模仿她。关于英文口语,英国人和美国人讲的不一样,本质区别在节奏上的区别,英国人讲话不管是说了什么,总有元音跳跃而起，美国人讲英语轻松圆润少了很多尖的棱角，有棱角是英国英语，没有棱角是美国英语。我在课堂上做得最开心的就是带学生模仿，我们来模仿一个人的声音，英国首相布莱尔讲的是标准的英式英语，有一些元音跳跃的棱角。口语非常有意思，一样的话美国人讲很轻松很慵懒。美国几乎没有历史，美国地名喜欢叫新什么，所以美国人认为不如活在当下，美国人更看重现在和未来，没有贵族没有过去，大家都有希望有梦想。慵懒、自然、轻松是美国讲英语的神髓。你要用心体会，再和学生讲才比较生动。

我们身边有很多职场机会，关键是你是否发现。真正负责任的教育一定是以就业为标准，如果只给学生讲虚幻的，学生就业率会很低。我们引导学生做哪个职业？身边有的职业很多人都可以去做，比如少儿英语教师。现在中国人特别望子成龙，愿意倾其所有培养孩子，父母都愿意花钱投资去给孩子尽可能早的好的英文教育，少儿英语教师缺口非常大。不管你什么专业，入口非常简单，要求你有比较好的英语基础，中文表达能力比较强。很多大学生就业心态很高，认为读了4年大学做少儿英语教师没有面子，当我们上小学的时候，老师循循善诱问我们长大想做什么，我们仰起天真的脸说做科学家，上初中时我们就不这么说了，上大学时感觉有工作就行了。关键是你做的能有多精彩，少儿英语教师能给你好的收入给你好的经济基础，培养所有学生，教育他们如何去面对学生、如何讲解、如何和家长沟通，从毕业到就业只是一步之遥，迈过去你就成功了。类似的行业还有很多，用心去做都会不同。

很多大学生有创业的梦想，我不是专家，但我是一个特别喜欢咖啡的人，我在世界各地喝过咖啡，有一家咖啡馆给我印象最好。在美国南方有个城市新奥尔良，是个非常美丽的城市，生活节奏非常缓慢，当地有个咖啡厅，独特之处是只有两个座位，要提前几个月预约，即使这样还是有很多人愿意提前半年预约。进入这个小小的咖啡馆，所有墙面角落都是钟表，每只表都在走且走得特别准，你坐下来面对所爱的人分享最醇厚的咖啡，不知不觉天色暗下来，你站起来往外走，回头发现所有的表不知在什么时候都停住了，停在你进门的时间。回家后你会发现账单上面有几句话：我们活在一个巨大的都市，每天我们都是那么繁忙，但不知道在忙什么，在太多的繁忙中迷失了自我。今天你做回自我，和所爱的人喝咖啡，整个世界整个时间整个宇宙因为你而停止了。这张账单很多人会珍藏一辈子，是美国非常著名的咖啡店，尽管它那么小。给大家的创业建议是如果你想创业就要与众不同，要有核心竞争力。不管你是走创业生涯还是别的职业，都会很艰辛很漫长，有个原则不要丧失，英国是贵族国家美国是没有贵族的，大家认为中国有没有贵族呢？有个老先生冯友兰讲东方哲学讲得外国学生如痴如醉，他在课堂上非常自豪地说即使世界颠覆只剩下一个贵族这个贵族一定是且只能是中国人。中国的大学不管到什么时候，都不会改变初衷，一个是培养人才一个是培养贵族。内圣外王，内心是个圣人不要失去孟子所讲的赤子之心，我们的眼睛澄澈清纯，虽然我们变得世故苍老，但保持一个像孩童的心，总有童话能在你身边发生。外王，现在华人在美国的地位高了很多，所有西方白人发现中国人很独特，不像西方人那么爱讲话，中国人话很少，优雅地坐在一边静静的观察，你永远不知道他在想什么，尽管他没有讲话但是他存在，且因为他存在今天一定会有不同。

真正优秀的大学生迈开职场第一步，要从内到外修炼自己，一步步去做，会换来你美好的生活。

周卫中

日本明治大学管理学博士,中央财经大学工商管理学院副院长、教授、博士生导师。1999年获得日本政府奖学金,2004年开始创业教育和创业活动研究,主持编写了《创业学》,并于同年在中央财经大学开设创业学课程,开创了中国创业研究和教育领域的先河。主持编写《大荣:一个商业神话的破灭》、《石油涨价的多米诺效应》、《国际商业模式比较研究》、《创业模式研究与实践》等多部著作。

创业：你准备好了吗？

◆ 周卫中

今天在座的年轻人比较多。今天我要讲的内容包括什么是创业，中国创业活动的特点，创业是怎么样的过程，创业包括什么要素，创业需要什么素质，怎么样打造创业团队等。

中国的创业有个特点，成功创业后再行创业，自己要建一个创业的王国，比如褚武军，他经常到我们学校给学生讲课，自称是创业部落酋长，这可能是一些创业家的特点。有个女同志叫夏华，在90年代初她放着大学老师的工作不干到服装店当售货员。她非常有心计，当时从招聘的报纸上找出自己想去的地方，她认为要想做衣服就要了解市场。她去东安市场应聘人家都不要，后来王府井一个工艺品大厦有一些租赁柜台，她到那儿应聘当售货员，她当售货员的目的就是想创业，她的理念就是"要想创业，必须先了解市场"。现在她已经做到伊文集团总裁，手下有三个品牌。这个女老板非常不简单，在北京有200多个分店，在所有购物中心、百货店几乎都有专柜或店中店。有个小伙子叫毛坎坎，今年只有24岁，是中国最年轻的亿万富翁之一，他也是个创业者。

这些创业者，其中很多人没有上过大学或者大学退学。毛坎坎高中都没有读完，他从初中开始就非常喜欢网络游戏，天天在家玩游戏，高中时地理会考不及格几次补考都不过，就退学了，退学后他决定创业。毛坎坎玩游戏和其他一些少年不一样，他琢磨怎么让游戏更好玩。高中退学后毛坎坎考虑自己怎么办，开始当网管，后来到网络公司当程序员，他在计算机方面特别专业，初中时考了好几个计算机国际认证。毛坎坎退学后找了几份工作，觉得没有意思，就开始开发游戏，2004年建立线上线下互动的游戏品牌，做了一个方案，他家在石景山，石景山区委非常重视，有人投资把游戏平台搭建起来。投资者以毛坎坎的创业做为股本，给他1/4的股份，市场销售额是一年15个亿，毛坎坎每年能得到3.75亿的销售收入，网络游戏的销售额是非常高的。

改革开放刚刚开始的时候，我国出现一次创业大潮，当时创业的群体主要是待业青年甚至是刑满释放人员。现在对创业的认知、对企业家创业家的评价已经发生根本性的变化，现在我们的民族文化越来越鼓励通过个人的努力获得成功，鼓励自立冒险创新。实际调研时发现越来越多的人认可创业作为职业生涯的选择，尤其是年轻人。

什么是创业和管理

"创业"有三个层次，最狭义的是创建一个企业，不管规模多大、做什么行业，只要创建一个企业就是创业，这是通常大家理解的创业。"企业"这个词最早不是出现在中国，是从日本舶来的。如果把范围再广一点，创业是什么？是通过企业来创建事业，是我在我原有的企业上创建一个新的事业，即二次创业。真正的创业是一个创造事业的过程，不仅仅是企业，不一定要赢利，比如创建一个家业也是创业，大学生创建一个社团也是创业，和时间的长短没有关系。

现在创业非常活跃。北京中关村地区是国内第一个高新科技园区，到今年正好20年。有人说中关村每10分钟就要诞生一个新企业，每3分钟又会倒掉一家企业。这说明一个问题，创业其实是很困难的，尤其是企业刚刚起步的时候。在中关村有个说法，企业如果挺过3年，基本就没有问题。创业和你的事业内容没有关系。我在大学里教创业学，经常辅导大学生的创业，他们的创业非常丰富，有的不一定赢利，有的愿意做慈善。

创建一个企业离不开管理，下面和大家谈一谈什么是管理。管理学从成立到现在有100年的历史，管理范围一直是个研究的话题。你做企业，那么管辖范围就限于你的企业；管理要讲效益，创业必须要有效益；管理离不开人，人既是管理的主体又是被管理的对象；管理是需要经验的，管理学是经验科学，和能力有关系。讲创业的时候，要积累经验，不要因为害怕失败就不去尝试。

> 第一个特点是中国人不愿意管人，管人意味着得罪人，第二个特点是中国人不愿意被管。

管理是非常困难的。结合中国人的特点，管理上也有一些特点。第一个特点是中国人不愿意管人，管人意味着得罪人，第二个特点是中国人不愿意被管，韩国、日本的员工素质很高，他们的那种上下级关系比我们要简单得多，员工的服从意识也比我们要强，但在中国一个比一个牛，我们从小受到的教育是人人都是国家的主人，既然我是主人为什么还要你来管？还有一个特点是不愿意受漠视，我们有工作经验的同志可以体会一下身边是否有这样的人，你要是管他，他说你老是盯着他，你要不管他，他说你不关心他。这几个特点最要命，尽管这样我们还得管理还得创业。

创业活动的类型和特点

狭义的创业是创建一个企业，开一个早点铺也是创业，办一个大公司也是创业，美国有一个著名的教授被称为美国创业教育之父，我参加了2006年他在南开大学搞的培训班，按照他的理解，创业分为两种类型，一种是生存型的创业，一种是机会型的创业，生存型的创业是为了谋生，机会型创业不是为了生存，是为了寻求更好的机会而进行的创业活动。他给我们上课的时候先问了我们一个问题：什么是幸福？他说：对创业的人来说，幸福是正向的现金流。即现金的流入大于流出的时候，对创业者来说就是最幸福的事情。

去年在北京做了一个规模很大的调研，是正在创业、已经创业或者计划创业的人的比例， 24－35岁年龄段的人数最多，有14.25%的女性和21.9%的男性正在创业、已经创业或者计划创业，过了35岁以后创业的热情越来越小，学历越高创业的动机或者意愿越弱，收入越高创业的动机越弱；至于受教育程度和性别创业的分类情况，北京的情况比较特殊，北京受教育的程度普遍较高；在北京生存型的创业占到21.64%，机会型的创业占到66.23%，这在全世界范围内都是比较高的数字。很多专家对这个结果持怀疑态度，有40多个国家和地区采用同样的问卷进行调查，在中国进行了4年，从2002年开始做到2007年，中间停过一段时间，2002年时的数据正好出来，那时中国生存型创业占60%多机会型创业占30%多；最多的是餐饮类创业，餐饮类创业门槛比较低比较好做。

创业的过程和要素

创业的过程是什么？这里有一张图，创业实际是一个周期，和企业的成长周期是一样的，有种子期、萌芽期、起步期、成长期。每个时期有不同的特点和风险，要做出相应的努力。

创业不是一件容易的事，这不是要给大家泼冷水。清华紫光分公司经理说"创业是条不归路"，他创建过各种各样的企业，请刘德华开演唱会但刘德华没来，一下赔了300多万，公司破产了。后来他做邮政购物，比互联网还有把握，款到发货，风险很小，后来完全卖给合伙人，每年有600多万的销售额。他做过很多企业，现在在做远程教育。用他的话说创业就是一条不归路，走上这条路就像上了贼船一样下不来了。

关于创业的过程，有很多个阶段，首先要创业得有一个创意或者一个想法，我要干什么，这个东西能不能挣钱怎么样挣钱，有了想法之后可能要分析市场看是否是真的有商业机会，点子和商业机会还是有距离的。我1993年在日本留学的时候，有个同学看到日本街上有很多宅急变，画了一个黑猫警长的形象。在大多数同学准备考研究生的时候他准备回国做中国的宅急变，他给自己的公司取名宅急送，LOGO也是黑色的，但不是黑猫而是孙悟空。他们三兄弟现在都在做企业，他还没有开始做的时候他哥哥已经有成就了，他希望哥哥帮他，哥哥让他说想法，问他是否了解日本的宅急变，他说了解过，开始公司很小，就是两部摩托车起家，现在是日本最大的物流公司之一，哥哥说亲兄弟明算账我们要把账算清楚，我给你提供同样的条件，算我借给你6000元钱。他拿着6000元钱买了两辆摩托车招了一个员工，自己也参与干活，到现在大家都知道宅急送。

> 要创业首先得有一个创意或者一个想法，我要干什么，这个东西能不能挣钱怎么样挣钱，然后要分析市场看是否是真的有商业机会。

我们不要相信风险投资，不要看张朝阳拿了多少分红，他们在拿到分红之前都经历了各种各样的成功和失败。要看商业模式，你说的市场是否真的存在，你的目标是否能实现，商业模式非常重要，要讲清楚。诚信非常重要，有的时候风险投资者看一个企业是否有成长性，除项目本身和商业模式外更关注的是诚信。半年以前美国硅谷有个风险投资家来考察，要给中国一个企业投资，我在现场兼翻译，他们讲得最多的不是模式不是你要做什么，讲的最多的是企业团队都是什么人？以前做过什么？理念是什么？未来要做什么？要了解是否有诚信，是否有社会责任感。即使我们做一个小的企业，也应该弄清这个问题，企业是要做什么，你的梦想是什么。

松下幸之助的故事在国内家喻户晓，他是一个有国际眼光的企业家，他的创业经历可能在座的都想不到。松下幸之助11岁辍学在一家杂货店当童工，后来在自行车店打工，那个年代自行车是高档商品，一天老板不在家，有个人要买自行车，问九折卖不卖，松下幸之助当时只有14岁，他见老板以九折的价格卖过，就答应卖给人家，老板回来大发脾气，虽然车还没有推走，但松下幸之助哭着和老板讲已经答应人家了，不能反悔，不行从他工资里扣钱。买主非常感动，在松下幸之助以后的创业过程中也给他不少帮助。松下幸之助在20多岁的时候开始做电器插座，那时安装电灯还是技术活，他已经富甲一方，27岁时在当地是首富。他第一次创业是在1918年，他一直在思考做企业是为了干什么，这个问题一直困扰着他，直到1932年37岁的时候，还是一直在考虑做企业是为了什么，百思不得其解。1932年5月5日早晨醒来时，松下幸之助忽然明白了做企业就是要完成社会赋予的使命，所以赶紧洗漱立即召开公司所有员工开大会，宣布企业的使命即经营理念就是为了完成社会赋予的使命，把那日定为知天命之日。

松下幸之助还有一个故事。我们在座的如果创业对企业的规划能做到多远，5年，10年，30年，50年？我们很少有人想到做100年的。松下幸之助在1932年5月5日提出公司的发展计划是250年，250年计划是一个周期，实际上他想做1000年。世界上到现在为止还没有1000年的企业。我是研究组织的，组织寿命最长的是教会，但历史最悠久的天主教也不过800年，国内寿命最长的企业同仁堂的历史是300多年。松下幸之助有个千年计划，他经常讲完成社会赋予的使命，历史的古迹要保留下来，因为企业要做一千年的，研究历史靠考古，以后在研究松下的时候不要让考古学家那么费劲，所以做了个保存各种资料的金属的鼎放在地下室里，70年取出来看一看里面保存的东西是否腐烂变质。我们要有理念，创业者在不同的阶段会有不同的理念，最开始可能是为了解决温饱，但或许是财富积累到一定程度的时候，一定要有一个理念，否则事业很难做下去，我周围有很多创业成功的朋友，他们说"财富积累到一定程度的时候，对我来说没有意义只是一个数据"，我设想到他们境界的时候可能还真是那样。

要找商业机会就要对环境进行分析，包括宏观环境、微观环境，即进行市场调研，整理商业计划书，有人说，"我想做的就是一个小生意，要什么商业计划书呀？"可能不用写在纸上，但在头脑中肯定是要有的，即使再小的生意也要有计划。软英公司创办人孙正义花了一年多的时间做计划，一个美国的风险投资机构给他投了两千多万美元，那是1996年，是软英公司最困难的时候，当时公司没有钱，原始股是5万日元都没有人买，到了2002年一股是1亿日元。孙正义有诚信，这是很多创业者共同的特征，都是很诚实很正直的人，这一点非常重要。分析了环境之后要写计划书，不光要写现在还要写未来，中国人做生意有个小富即安的民族特性，日子过得差不多就行了。我还没有创业，但是我帮助过不少人创业，有成功的销售额达到一年几千万的。我最早帮助的一个创业者是我的姐姐，她做一个日用品的批发，做了20年在我看来没有什么起色，有了钱之后她先想着盖房子，然后给孩子娶媳妇，儿子生了一个孩子又生第二胎，她总是在欠着债。有了钱不是想投入再赚现金的钱，而是想着借钱把房子盖上，这种小富即安的心理要摒弃。有计划后要争取融资，融资有很多渠道，我们很多的人在感慨，说创业很难，没有资金，大学生是没有资金，但是关键要看你做什么，你老想着天上掉馅饼是没有用的。我们在调研中发现，第一次创业的资金有70%以上来自亲友的借款，不要想着银行贷款，有很多已经有影响的企业贷款都是十分困难的，北京有些糕点做得很好的，比如好利来企业，但好利来想贷款20万元都贷不到，虽然他的销售额在北京每年都是几千万，但没有可以抵押的固定资产。刚开始创建企业的时候不要相信神话，不要相信有天使基金，要自己想办法,如果你的创业计划足够好不妨试一试融资。

计划有了,资金到了,完成企业登记,创业的第一步就完成了。俗话说"创业难守业更难",难的是市场变化这么大,难的是竞争对手的出现,难的是内部的问题人员的问题,创业团队的整合是伴随着创业及企业成长的整个过程。

怎么识别创业机会

什么是创意?创意是有创造性的点子,点子有什么特点?一、新奇性,即有创造性。二、可行性。三、有可接受性。我曾经有一个很好的点子,但没有商机,1993年我到日本流行发现麻将馆都有自动洗牌机,我做了一份考察,和一个朋友讲过问他做自动麻将桌怎么样,当时国内没有做的,我的几个朋友说不行,麻将在国家的法律里面是赌博,麻将机不能做,做了也没有市场,可现在到处都是自动麻将桌,我错过了机会非常遗憾。

宏观环境分析要分析什么?一、政治因素。不要老羡慕国内的传媒老总怎么样,在中国可能很难。二、经济因素。不能脱离中国的实际,消费如果没到那一步还非要去做是肯定不行的。我有一个朋友把握机会做得很成功,日本有个内衣品牌想在中国找代理,没有人做,因为太贵了,我同学看好,觉得中国经济发展非常快,他查了很多材料,发现GDP达到2000美元的时候人们开始关注外衣,达到3000美元的时候人们就开始关注内衣,他做了七八年,销售非常好,现在北京GDP已经达到6000美元了。也许会有各种各样的商机,要分析经济因素。三、社会因素。创业的内容要符合社会规范。还有环境保护,企业要有一种远大的抱负和社会责任感,创业的时候必须考虑环保问题,即使国家的法律政策还没有做到要求那么严,也一定要走在前面。四、法律因素,法律不允许做,再能挣钱也是不行的。五、宏观环境因素。在行业要关注哪些因素,首先要关注供应商,不管做什么行业,都是处在产业链的某一个阶段,如果没有给你提供原料或半成品,链条就断了,不可能生产。顶好集团下面有很多方便面的品牌,进入中国市场的时候只有方便面没有其他的,他是一个台资企业,后来发现供应商的问题了,咱们大陆的很多企业都提供碗装方便面,最后顶好只好自己再建一个生产面碗的企业。纵向一体化,延伸到上或下。有的企业光做渠道不行还得做零售,开一个小的服装厂品牌要想进入一个商场进入一个百货店有多难,最要命的是一些商业企业崇洋媚外,给国外品牌提供好的位置,不要求他们参加打折促销活动,对中国品牌没有扶持。在日本和韩国相反,购物中心百货店最好的地方给本土品牌。我有个企业家朋友非常朴实,虽然有1万多人的国家一级企业,但一直在用一辆桑塔纳,一直用到2003年,2003年时决定换车,因为开桑塔纳经常有人欺负他,警察也经常找他麻烦。2003年时他当上人大代表,企业也做得非常好,一步到位换个奔驰600;还要关注潜在的竞争对手。还有就是替代品,替代品的威胁太大了,60年代随身听很流行,现在还有用随身听的吗?都是MP3、MP4。存储器也是一样,我最早接触电脑是在1987年,当时是大学最贵重的仪器之一,花42000元买的长城电脑,现在都听不到这个牌子了。存储器开始是DOS盘,后来改成3寸盘,现在都没有软盘的驱动了。推出一个产品或服务时要想好,尤其是电子行业要特别注意。SONY公司不仅在国内,在日本在全球范围内的形象都在下降。不要以为在国内买SONY、东芝就有保障,因为在我国的标准和在国外是不一样的,搞双重标准,对世界企业来说是不能容忍的。SONY公司是世界上最善于营销的企业之一,他通过升级换代的方式淘汰旧的产品,凭借产品可以领先竞争对手,大家用256M U盘的时候他已经开发出2G的,但只拿出512M的,竞争对手拿出1G的时候他拿出2G的。

> 在战略环节上要分析。企业一定要分析自己的优势在哪里、不足在哪里,机遇是什么,会遇到哪些威胁。创业者更需要这样分析。

在战略环节上要分析。企业一定要分析自己的优势在哪里、不足在哪里，机遇是什么，会遇到哪些威胁。创业者更需要这样分析，新创企业比成熟企业面临的风险更大，时刻对微观环境进行分析。创业要考虑哪些因素？这些因素哪个更重要、更值得我们思考，有人说市场有人说资金有人说财务有人说人员最重要。创业机会有4个方面的特点：一是隐密性。机会不是轻易被发现的，我现在发现大学生有一个特点，和我上大学的时候完全不一样，我上大学时有个想法大家一起讨论，现在大学生有想法的时候找我，我说一起聊，学生不干，要单独谈，我问是不是有商业机密，学生非常小心，这对一个创业者来说是不可取的。你有什么想法不要怕和别人讲，你没有想到的往往人家已经想到了，或者泼冷水或者鼓气或者合作，都是对你完善想法有帮助的；二是偶然性，很多机会都是偶然的事件造成的。想创业的人要善于观察善于思考；三是意识性。有时当你发现机会的时候可能已经失去机会了，有机会一定要把握。比尔·盖茨为什么一定要退学？他到现在都没有学士学位，美国对这方面管理非常严格，要想拿学士学位必须回到学校完成学分，他没有时间。他非常后悔，奉劝在校的大学生要好好完成学业，说："我很后悔没有拿到学士学位，做出这样的选择做了很多思想斗争，如果不退学可能不能创立微软公司。"发现有好机会的时候，更多地听一听家长老师的意见没有错。不是完全听从，要辩证地来听，他们所处的年代或者阅历有限，可能会泼冷水，但会对我们有帮助。

> 比尔·盖茨为什么一定要退学？想创业的人要善于观察善于思考，有机会一定要把握。

创业计划是对创业活动的整体安排，创业计划怎么写？为什么说一定要有计划？可能有人会说计划可有可无，因为市场变化万千瞬息万变计划赶不上变化，正因为计划赶不上变化所以才需要计划，没有计划怎么知道市场变了呢？创业计划很重要，一方面是给别人看，一方面也是给自己看，可以明确创业的方向和目标，可以周密安排我们的创业活动，可以通过计划寻找创业资源。创业很难一个人完成，需要得到其他人来帮助，在得到其他人帮助资金人力或其他的时候，一定要想到能给予对方什么，世界上没有免费的午餐，在设计方案的时候，要想到你给我资金我能给予你什么、能够得到的回报是什么，投资者都非常聪明，如果他不考虑回报的话，只有一种可能，就是他是你的家长。我们的第一笔资金恐怕需要来自你的亲友同学，这是最可靠也是最现实的。计划书都写什么？1997年清华大学搞创业计划大赛，我也参加评审，现在的学生都很能干，五六个人组成团队写创业计划，一写就一两百页。要把想说的问题说清楚，评审或者风险投资者首先要看概要，包括企业介绍、内容是什么、市场分析、产品生产或者服务怎么做、管理的团队等等。简单介绍企业、商业模式、产品服务是什么、目标市场在哪、采取什么样的营销策略。（前些日子我给河北承德一个企业讲课，那个企业是做保健品的，研究松花粉，在打开市场方面遇到一些困难，老总从北京一些大学找到一些教授给企业中层领导做培训。他遇到营销策略的问题，目标市场不清晰，一会儿说是针对北京已经退休的老年人，月收入在4000元以上老两口收入在8000元，一会儿又说产品对中年人同样有效，营销队伍不够强，经常换人，营销经理换了好几个。）在计划中要说明优势在哪，管理团队是什么，这个特别重要。很多时候风险投资者要看团队是什么背景；生产管理财务计划，财务计划；做企业要有长远的规划，要想到几十年以后，做计划的时候最好做得细一点，最好能做到月，根据内容不同可以做到周，一般来说做到月就可以了。企业未来发展规划非常重要，有一个教授曾经讲创业者需要具备三个要素：一个是热情、一个是使命、一个是远景，要让团队能够看到未来企业是什么样子的；企业名称、尤其是公司创业的时候主要经营的业务和信息，发展规划三到五年就可以，产品要有描述，怎么样实现。我看了很多大学生的创业计划书，说得很好，但怎么样实现？有个大学生做关于电子乐谱的创业计划书，策划组织得非常好，在北京市得到二等奖；还有市场分析和营销策略，营销是个熟悉的话题，创业不注意营销，想创业成功是笑话。怎么样选择渠道？我要做一个服装企业，我的定位是学生，那么选择什么样的渠道，学生购物都上哪里，不同的渠道成本是不一样的。促销的方式等等；产品的制造，风险投资者最看重的就是团队，风险投资者的目标非常明确，是高风险高回报，一定要短期回报，所以他要看团队；还有财务管理，涉及很多细节问题，在设计创业的时候一定要有一个规划，很多企业不是没有市场，也不是业主不够勤劳，就是缺乏管理，我帮过的第一个创业者是我大姐，她在当地过得还可以，但和我的要求差得很远，观念差得很远，她的日用品批发做的不小，但从来没有清晰明确的账，家里日常开支就打开抽屉拿钱，这样的企业怎么可能发展。家族企业的问题非常突出，要想把企业做好，要把两者分开，南京太平洋建设集团的老总说企业做大难免有亲戚朋友过来，这种人多了，干脆给他们成立一个公司，不要求那个公司挣钱，养了300多人全是亲戚朋友，主业不让他们参与。有人说家族企业很好，家族企业等于是亲上加亲，这种凝聚力更强更牢固。凡事都有正的一面有反的一面，看你怎么看。

  商业计划要拿计划去参加，相关机构会派一个指导教师，给起动资金。如果要拿计划升值的话要注意一些问题，一些平台确实为我们的大学生年轻人提供了展示才华的平台，拿到金奖的一般都能拿到风险投资金，有风险投资机构的人专门来看。

  计划针对性要强，突出主题，结构完整内容明白，周密计划谐调统一，数据准确，要保护知识产权，保密还是有必要的。

创业者的素质

  在西方"创业者"的概念在不断变化。如果从能力和特性分析，创业者的能力包括能够创新、善于策划，组织资源，有管理的能力，还有社交的能力，社交能力也很重要，有人性格内向不善于社交怎么办？在团队中有很多很完美的人，也可以互补。本田中一郎是一个技术人员是个工程师，他可以一直琢磨技术问题，但他不善于管理，他有一个很好的合作伙伴藤泽武夫。本田开始创业做自行车，自行车后面装上一个小马达用热水袋做油箱就变成电动自行车，要找人帮他卖，藤泽武夫用手用复印纸写了5000封信，发到了日本各地。后来做摩托车，1970年代又开始做汽车。藤泽武夫是个很好的管理者，给了本田很大的帮助。本田中一郎的脾气很暴燥，有一次一个工程师出了点小错误，本田当场给工程师一个大嘴巴，虽然员工当时在道歉但后来仍是提出辞职，都是藤泽武夫出面解决。一个好的团队是互补型的。

创业者的特点是善于捕捉机会，敢于承担风险，要有很好的心理素质，心理素质不好不要轻易创业。要有很强的好奇心，善于学习，身体健康。我们的创业者往往一开始条件都很艰苦，比如温州人有全世界都没有的创业精神，他们的创业者在世界各地过一样的生活，就是白天当老板晚上睡地板，要有好的身体素质和心理素质。

有的创业团队只能共苦不能同甘，大家一起打天下的时候都可以，但创业成功很多团队都散了，我周围也有这样的团队。我的四个朋友一起创业，每年我都到他们的公司看一看，到第五年的时候发现四个人不在一起了，去年的时候公司一分为四。有种说法是富不过三代，还有人说中国人是一盘散沙，我不赞成这样的观点，这其中涉及组织的话题。为什么要有团队为什么要合作，这是人的本性决定的，人有自己的意志有支配自己行为的要求，一个人力量不够大，要和他人合作并借助工具，一个人搬不动一块石头可以两个人抬。任何一个创业团队即一个组织需要三个要素：一是共同的目标，二是协作意愿，三是沟通。只要有这三个要素就是一个正式的组织，如果缺少其中一个就不是团队。沟通能够很好地起到维持和激励协作意愿的过程，目标不是一成不变的，通过沟通不断确定新的目标，组织才能发展。

济南大学的张教授说创业是一个梦开始的地方，包括三个过程：第一个过程是做各种各样的梦，第二个过程是寻梦，去追寻去实现你的梦想，第三个过程是圆梦。

送大家一句话：梦想正在实现，祝各位好梦成真。

孙欲晓

北京博爱心理咨询中心首席咨询师,中国心理学会会员,中国心理协会会员,中央电视台特邀心理咨询专家,中科院心理所心理学博士研究生,中国首批职业资格认证心理咨询师。

跨越彩虹——讲述职场心理

◆ 孙欲晓

每当我们看到一道美丽的彩虹，呈现出赤橙黄绿青蓝紫的颜色，都会非常高兴。虽然这道彩虹在自然中保持的时间并不长，但给人们留下的影响很大，让大家记忆很深。人生也像一道彩虹，也有特别美丽的时光，要想让我们的人生彩虹呈现出美丽，就需要我们要有配置彩虹的各种条件。

关爱自己，人生才会绽放光彩。关爱生命，我们才能感受生活的无尽美丽。有多久，我们没有让自己超越昨天，没有让自己在安静中深深思索，没有让每个日子拥有灿烂的阳光。如果这一切已经只是回忆，那么就请你准备好，与我们一起放飞心灵。

什么是职场？就是过去我们所讲的这个人的前途。上了年纪的人都有很深的感受，过去毕业以后没有权利自己去找工作，因为是计划经济，有组织有单位，比如某工厂需要多少工人、某机关需要多少干部，把人数报到人事局、劳动局，劳动局把名额下发到街道。我是上山下乡插过队的，那时候工厂对人们的培训特别严格，花费很多精力金钱，所以为很多人的成长奠定了一定的基础，使很多人在他的工作岗位上有一定的才能。改革开放以后，很多外企、民企会从这些国家企业、中央企业挖人才，就是为了走捷径，因为车、钳、洗、焊、刨、磨都需要三年的实习期。

现在的孩子中独生子女占大多数，独生子女将来肩负的负担很重，要赡养照顾父母、岳父母，要挑起赡养、照顾四个老人的任务，小两口照顾四个老人很累。因此，正确进行人生规划更为重要。

应该从高一就开始专业规划，高一时学生们会面临文科、理科的选择，学文的也要学理科的知识，学理的也要学文科的知识。但很多学生选择的时候就想哪个学习轻松一点，学理科的想逃避背诵、理解，认为数理化有公式不用背，语文需要背需要理解；也有很多女孩子以为学了理科将来和机器打交道太累。

专业的选择就是人生规划的开始。家长一定要给孩子留有很大的空间，首先是平等相待，从情感、从孩子的自我成长、从孩子的心理承受来考虑。

如何进行正确的人生规划是个重大的课题，各人的习惯基本上都是在父母亲和老师的身边影响下生成的，人格和气质的发展在这个时期是非常重要的，因为一个人的成长，第一、二青春期都是在这个时间段。

20岁之前一个人的成长非常重要，有的家长把孩子管得让他往东他不往西，这样的孩子面临社会竞争将束手无策，有什么事都给爸爸妈妈打电话。2004年有一个中国学生在英国留学寄宿在英国当地一家人中，有一天他房间的灯泡坏了，房东正好出差，他给他妈妈打了一个多小时的电话，说："妈妈这么黑房子这么大我好恐惧，我没有办法学习。"妈妈很着急让爸爸想办法，给领事馆打电话，领事馆联系到房东，房东说灯泡就放在家里，领事馆的人去了帮这个孩子灯泡装上了，因为这件事花了16000元钱人民币的电话费。说明这样的孩子就是温室的花朵，遇到问题就找父母，不能自己去解决。

20岁以前，我想大多数人都会选择读书，我给很多学生做职场规划时会问他对学习还有兴趣吗，如果有兴趣还是要继续接受教育。大学只是基础性知识，读到硕士的时候才有了自己的专业，读到博士的时候才对专业有所深入的了解，很多人读完博士后继续到博士站交流学习。

20—25岁，这时应学会人际关系，多认识积极的朋友，十年后这些朋友都将是产业的中坚。这时应学会累积经验，接触机会，良师益友的提携更是提升您成长的大利器。

30—35岁，这时应做好时间管理，转化心境，用头脑去工作，不要用身体去工作。人到35岁的时候，随着体力慢慢下降，应该去做管理。

35—40岁，不论目前您多风光。多有成就，在您心中是否画得出十年后的你？宁可因梦想而忙碌，不要因忙碌而失去梦想。你的时间在哪里，成就就在哪里。

什么是职业生涯规划？职业生涯规划是指一个人对其一生中所承担职务的预期和计划，包括一个人的学习、对一项职业或组织的贡献和最终退休。有些人忙碌了一辈子，到头来不懊悔，觉得忙碌但有所为，有些人退休了还不知道以前忙的是什么。上次我在北京做讲座，有个女同志说不知道在忙些什么，20多岁要学习要成家要拉扯孩子，40多岁丈夫事业有成、孩子读书不用管了，五六十岁该退休了发现皱纹爬上脸了。这种心情是否认了自己的一生，她应该认识到她有了孩子、孩子成长、老公的事业有成、家庭美满。

目标是决定成败的关键。个体的人生目标是多样的：生活质量目标、职业发展目标、对外界影响力目标、人际环境等社会目标……整个目标体系中的各因素相互交织影响，而职业发展目标在整个目标体系中居于中心位置，这个目标的实现与否，直接引起成就与挫折、愉快与不愉快的不同感受，影响着生命的质量。现在我们重点谈谈职业生涯规划。

个人职业生涯规划包括如下几个方面：

1. 确定个体理想生存状态；

2. 了解个体各方面素质特征和大的不可改变的社会现实环境，修订理想状态为可行的目标；

3. 确定职业兴趣、理想职位和适宜工作氛围；

4. 确定达到理想职业的可行性路线，制定短、中、长期职业进程；

5. 确定目前状态和短期目标间的差距，寻找切入点，开始执行职业生涯规划；

6. 阶段性小结、反思，并对自己的生涯设计进行科学的修订。

对于一个团体来说，则可以从以下方面为员工进行职业发展设计：

1. 对员工的个性特征、倾向性及发展潜能进行测定和评价；

2. 在了解员工综合素质的基础上，为员工制定职业发展规划，进行目标设定(短期目标、中期目标、长期目标和人生目标)等；

3. 经常性地与职业指导师、人力资源专家开展关于员工职业发展的谈话交流，评析案例，听取专家意见；

4. 开展基于员工个性的有针对性的培训开发，这些培训开发不仅限于技能训练和知识培训，更重要的是在职业层面的岗位实践活动，岗位工作与员工的职业发展应是一致的；

5. 关注职场信息，与人才市场等机构取得联系，了解各种职业信息及职业发展动态，如职业特征及职业要求，就业需求状况等。

职业生涯规划对于职业成功有重要意义。规划要求你根据自身的"职业兴趣、性格特点，能力倾向，以及自身所学的专业知识技能等"自身因素，同时考虑到各种外界因素，经过综合权衡考虑，来把自己定位在一个最能发挥自己长处的位置，以便最大限度地实现自我价值。一个职业目标与生活目标相一致的人是幸福的，职业生涯规划实质上是追求最佳职业生涯的过程。

在北京的一次大型招聘会上，毕业于某名牌高校的小李向北京某一家汽车公司申请一个机械工程师的岗位。他学的是机械专业，在大学期间各门功课都很优秀，毕业后的五六年时间里，从事过医药、空调、摩托车等产品的销售、品质主管，换了六七个工作，但是没有机械方面的工作经历。招聘者看了他的情况后认为，如果他毕业后稳定从事过机械方面工作，则正是公司需要的人选，但是因为没有这方面的工作经验，公司却无法录用他。小李的例子表明了很多大学生盲目就业，给自己所带来的危害。由于没有长远打算，很多大学生年轻时只是随波逐流地换工作，到了30多岁还没有职业定位。这种情况之下，继续下去出路不大，重新定位又要费很大力气，陷入一种尴尬的境地。

日本寿险的推销之神原一平，刚开始做业务的时候，7个月没有推销出一张保单，每天饿肚子，晚上在公园里面睡长椅。但虽然起步艰难，优秀的人对于他们自己以及生活，一般都会有长远规划。对职业生涯的长期眼光，是未来的事业能够登峰造极的重要条件。

成功的职业生涯，从制定合适的目标开始。目标就是力量，奋斗才会成功。水无点滴的积累，难成大江河。人无点滴的积累，难成大气候。作为一名学生或正在寻求工作的人，应考虑到自己的未来，在未来社会里，究竟该扮演如何一个角色呢？

大家知道世界500强最需要哪13种人吗？第一种人是要像牧羊犬一样尽职尽责，第二种人是要像蚂蚁一样团结合作，第三种人是要像鸿雁一样目标远大，第四种人是要像大象一样脚踏实地，第五种人是要像海豚一样善解人意，第六种人是要像变色龙一样适应环境，第七种人是要像老鹰一样目光锐利，第八种人是要像骆驼一样忍辱负重，第九种人是要像公鸡一样严格守时，第十种人是要像山羊一样感恩图报，第十一种人是要像猴子一样机智应变，第十二种人是要像猩猩一样勇于创新，第十三种人是要像狮子一样勇猛善战。

怎样明确找到自己的发展方向呢？问自己，第一，我到底想干什么？第二，我到底能干什么？第三，我为什么干这件事情？然后，步骤一：了解你自己。步骤二：清楚目标，明确梦想。步骤三：制定行动方案。步骤四：停止梦想，开始行动。

25年前哈佛大学对大学生做了一个跟踪调查，发现27%的人没有目标；60%的人目标模糊；10%的人有清晰但比较短期的目标；3%的人有清晰而长远的目标。25年后哈佛再次对这群学生进行了跟踪调查，3%的人，25年间他们朝着一个方向不懈努力，几乎都成为社会各界的成功人士，其中不乏行业领袖、社会精英；10%的人，他们的短期目标不断实现，成为各个领域中的专业人士，大都生活在社会的中上层；60%的人，他们安稳地生活与工作，但都没有什么特别的成绩，几乎都生活在社会的中下层；剩下27%的人，他们的生活没有目标，过得很不如意，并且常常抱怨他人，抱怨社会、抱怨这个"不肯给他们机会"的世界。

在某税务事务所负责招聘的负责人给我讲了一个例子：上午9点半，一位来自山东大学的李同学递上了一份与众不同的简历——别人的简历都是把自己在学校的经历写得很优秀，而李同学则在简历上明明白白地写上了自己在学习和生活的缺点，如：做事不认真，考虑问题不周全等等。负责人告诉我，她非常欣赏李同学这种坦率、诚实的精神，如果每位毕业生都能如此的话，将使企业招聘更为顺利。

学中文的小张从上午8点45分进场到11点半，仅仅投出了4份简历。是没有好单位吗？小张告诉我，许多单位名头虽大，招聘的职位却和自己专业相去甚远，与其每个单位都投一份，不如仔细思考过后再做决定。

某大型超市负责招聘的张先生说，这次来招的职位包括经理、部门主任这样的吸引力较大的职位，但前来应聘的学生并没有盲目地递上自己的简历，大部分学生都从自己的实际出发，详细的咨询了诸如企业文化、经营理念这样的往往不被学生重视的问题。"这是一个好现象，既是对自己负责，也是对用人单位的尊重。"

先看专业再挑学校背景。中国移动的自动软件系统会通过5个方面考查来挑选简历：学校和专业、学习成绩、班级排名、英语能力和项目经验。中国移动青睐来自重点院校、专业对口的大学生，而名校背景、突出的英语能力、担任过班长、学生会干部、社团组织者的经历，都会成为应聘中国移动的加分亮点。

干净整洁、言简意赅的简历是最受欢迎的，长度在2到3页纸比较合适。个人信息、工作经验的叙述和招聘职位的要求越接近越容易赢得入围机会；那些精美或者花里胡哨的简历并不见得就受欢迎。简历的真实内容才是考核重点。

对蜂拥而现的大贴艺术照和写真照的简历，很多单位负责人表示自己不倾向也不赞成，他们强调企业用人是根据岗位需求和个人情况来选择的，简历再漂亮也起不到决定性的作用，尤其是应届毕业生更不该如此制作简历。筛选简历的根据，是针对不同岗位的需求，会有不同的考察侧重点。比如招聘技术型人才时，看应届毕业生的简历会比较注重其专业成绩，在校是否有过相关作品；如果招聘的是管理型人才，除了看所学专业和学习成绩外，还会注重他在校时担任的学生会工作、参加的社会活动等。看社会人员的简历时，除了硬件必须符合招聘岗位需求之外，主要看他的工作经历。简历行文里透漏出来的信息其实很重要。对方表述自己的语言、行文方式、简历撰写的层次性、逻辑性、流畅性、重点性，都能流露出作者的思维特征。

细节也值得留意。朗讯的相关负责人说，很多人发来简历只表示希望来工作，却没有说明申请的职位。如果应聘者连简历都写不完整，会觉得不是他能力有问题就是太过粗心，这都不是首选人才。还有的简历性别栏中不写男女，用染色体xy来表示，让人哭笑不得。简历版面干净、符合规范、清晰明了是最好的，我们通常不在意照片，但也不要太简单。朗讯非常在意职业道德和职业诚信，通常会注意查看简历内容的完整性、真实性，应聘者工作的连续性和稳定性。朗讯并不在意应聘者有其他方面的工作经历、不够良好的教育背景和中断的工作时间，但隐瞒和欺骗就会使公司对你个人的诚信和职业道德有所怀疑。

介绍工作经历的时候，在某公司工作的时间，应该精确到月而不是年。要有公司的全称（也可对公司做简要介绍），担任的职位名称及所在部门名称、主要工作职责、主要工作业绩等。也可以简要介绍上下级关系，比如直接上司的职位，所辖下属的人数等。"非常出色"、"做

> 成功的职业生涯，从制定合适的目标开始。目标就是力量，奋斗才会成功。人无点滴的积累，难成大气候。

出很大的贡献"这些用词都是不合适的。最好能够改成"我完成了多少销售业绩，联系了多少家公司"，如果数字过于敏感不适宜表达，可以用百分比，或者用企业的表彰来表达，还可以写上获得的证书。

乐百氏有自己独特而鲜明的选才理念——求同存异。所谓求同，就是要求与乐百氏企业文化相融，即开放的心态、热忱向上、亲和信赖，渴望与乐百氏共同发展。招聘官初次浏览一份简历的时间平均在1分钟左右，主要针对一些硬性指标进行筛选。因此，招聘官不会对长篇大论的简历感兴趣，最好是简洁、条理清晰、有实在内容的简历。乐百氏挑选简历有三道工序。第一道程序，对硬性指标如年龄、工作年限、学历、专业、相关职业背景、期望待遇水平、选择工作地域等信息进行快速筛选淘汰，同时根据不同的岗位进行分类；第二道

程序，将初选的资料传送到相关的用人部门，由用人部门对候选者的具体岗位经历、工作的内容、业绩进行筛选，确定可面试者，将名单交人力资源部跟进；第三道程序，由人力资源部向面试者发出邀约，进行笔试、面试和实操。经过这三个步骤筛选后，确定最终候选人员，人力资源部将会同用人部门，对候选者进行评价，人力资源部门享有建议权，最终录用权归属用人部门。

仅仅对自己过往的学习和工作经历以流水账形式书写的简历，乐百氏一般不予考虑。乐百氏看重应聘者过去学习过什么、做过什么，但更看重他现在实际掌握了什么、在过去做出过什么业绩。希望简历中有具体的事迹来证明应聘者具备胜任该岗位所需要的特质、能力或经验，所以应聘者写简历时应该有针对性地重点推销自己的优势，最好还能提到期望加入本企业的原因。乐百氏不迷信名牌大学，但对有技术要求的岗位，需要从正规院校毕业生中挑选。另外也看重他毕业后的在职进修、培训经历，是否获得相关职业资格证书或更高的学历，乐百氏需要具备较强学习能力、吸收能力和持续学习热情的人才。

北电网络的选才标准也有其特点，通讯行业是一个发展变化很快的行业，要求员工有良好的适应变革甚至是欢迎变革的心态，并且要有持续的学习能力才能保证不落伍。企业希望员工有很强的工作主动性和对工作的驱动能力以完成设定的工作目标。诚信办事、尽职尽责、团队协作、开拓创新都是企业非常看重的。名校和名企背景并没有太大帮助。北电网络招聘时，看简历的着眼点主要是与职位相关的工作经历、项目经历、实习经历等。如果是研发类职位，教育背景也是很重要的。如果是应届毕业生的简历，第一眼看他的教育背景和专业背景，考察内容更偏重专业背景、成绩排位、社会活动等。而对资深人员的简历，会浏览其全部内容之后再做出评估，考察内容更偏重实际的工作经历。应届毕业生的名校背景和资深人员的名企背景肯定会是一个优势因素，从简历来看确实会更显眼，但面试的时候名校和名企就没有太大帮助了。

　　大学里，每位即将毕业的大四学生手中的"求职简历"，都夹着一份在校期间成绩单，学生在校成绩作为学校为学生制定求职简历的模板内容之一。江苏某集团招聘管理及外语人才，负责招聘的总经理认为，成绩是基础，如果一名大学生在校期间有几门科目不及格，说明他不是一名合格的学生，这样的人用于管理岗位，企业也会不放心，"大学生刚刚离开学校，没有实践经历，无法考察其能力的情况下，侧重考察其在校成绩，应该是评价一名大学生不错的办法"。

　　人生有无限的可能，要看你自己创造、捕捉什么样的机会。每个人心中都有一座山峰，雕刻着理想、信念、追求、抱负。每个人心中都有一片森林，承载着收获、芬芳、失意、磨砺。但是，如果没有付诸行动，一切都只是镜中花，水中月，可望而不可及。一个人，若要获得成功，必须得拿出勇气，付出努力、拼搏、奋斗。成功，不相信眼泪，不相信颓废，不相信幻影。成功，只垂青有充分磨砺充分付出的人。未来，掌握在自己手中，爱拼才会赢！

刘瑞璞

北京服装学院教授、硕士研究生导师、学科带头人。2007主持北京2008奥运会中国体育代表团礼服设计方案。北京静形象顾问培训中心特邀讲师。

成功职场的形象与风格

◆ 刘瑞璞

有一句俗话叫做萝卜白菜各有所爱，穿衣服这件事情也是这样。不过今天，我们要把形象的问题提到议事日程上来。为什么呢？中国本是文明古国、礼仪之邦，但走到今天中国的传统礼仪基本上已经丧失怠尽，国际礼仪还没有引进来，我们刚好处在一个十字路口，个人如何去选择？

下面先讲一个案例，我们中国的企业家第一次跟外商谈判的时候，他穿了一件西装，里面穿了一件黑色衬衣打着白色的领带，在我看来这和外商是第一次谈判也是最后一次，为什么呢？因为按照职场的潜规则（我说的职场的潜规则就是国际形象的规则，是日本在19世纪开始引进的，我们今天才开始引进），这个企业家穿着西装黑衬衣白色领带，说轻了这个人不讲究没有教养，说重了他是黑社会，大家都看过这种电影，黑社会老大穿西装黑衬衣白领带戴着墨镜。这是国际职场中的潜规则。所以我奉劝那些企业家，在和外商谈判的时候，要避免使用有色衬衣，这是很重要的一个指标。

再给大家讲一个案例。第29届北京奥运会大家还记忆犹新，在服装上出现几件事情，现在给大家披露出来。第一件事情就是刘欢，刘欢在唱天籁之声的时候穿了一件街头朋克的T恤后面扎了一个辫子，网络上恶评如潮。据我了解，刘欢穿什么衣服是请教过总导演张艺谋的，张艺谋告诉他平时喜欢穿什么就穿什么，这就是萝卜白菜各有所爱造成的恶果。美国总统竞选的时候形象设计师一定跟着他。同样的事件也出现在英国市长的身上，穿着西服敞着怀跟跑着去会旗，对此伦敦的市民也是恶评如潮批评声不断。伦敦市长和刘欢还有不同，伦敦市长不可能不知道国际惯例，他肯定非常清楚，但是太清楚的时候就想颠覆，也就是说他太知道规则的时候在玩规则的时候就玩出个性来了。他穿了一件俱乐部夹克西装，我们称为休闲西装，穿俱乐部服装的前提造就了他跟跑地接受旗子，因为俱乐部服装大体上都跟体育跟运动有关系，他穿了俱乐部服装，可以敞胸露怀也可以不系领带，穿大头鞋、短裤都可以，他选择俱乐部服装的原因，应该告诉全世界人在伦敦开奥运会的时候要享受轻松、享受快乐、享受随意。

还有一个中国成功人士的失败案例，2005年中国被评选的时尚先生是李咏，他的着装形象在我的平台里是一个失败的案例，为什么说是失败的案例呢？他在主持节目的时候白天穿晚上的衣服晚上穿白天的衣服，穿很多带链了的东西，身上有很多链子，有亮光，有领巾，这样的装束、这些符号、这些信息只能在18点以后出现。2004年的世界时尚先生是联合国秘书长安南，他不是时尚界的人士，他是官员，但他是成功的案例。

在旧的知识被打破，新的知识没有建立的时候，人们形成盲目的状态是正常的。但我们要有一种意识，要国际化就必须要研究国际的规则，所以说中国的白领我们必须要做的是了解着装的规范知识，即TPO知识。

TPO知识系统是1963年日本半官方政府提出来的一个计划，T是时间(time)，P是地点(place)，O是场合(ocasion)，即在什么时间什么地点穿衣服的原则。为什么是在1963年提出来？1964年在日本召开东京奥运会，在召开之前提出此项计划，初衷是使日本的国民在全世界人民面前树立良好的国际形象。日本在1963年的时候的国力和我们现在的国力不能同日而语，但国际形象的注意度比我们要强得多。

我们回头看中国队奥运会入场式的服装，恒源祥给我们投资的，产生西红柿炒鸡蛋是漫长妥协的过程，是决策和学术的妥协。我们团队拿出了40多个方案，都是按照TPO的知识系统作出来的。体育总局聘请全国南北的专家开了一个说明会，针对我们40多个方案品头论足，我作为团队的负责人去陈述，这40多个方案专家几乎全部否定了，专家在否定的基础上提出了一个方案，或者说是在我的方案的基础上做了修改，矛盾的焦点在色彩，专家一致形成的共识是叫我们把中国体育代表团入场式服装的总色调选择为粉色，粉到什么程度呢？你们想象的最鲜艳的粉是什么就是什么。我听完以后大跌眼镜，我作了一个主旨的发言，粉色的主题是绝对不能使用的，按照TPO的原则，在男人的场合使用粉色有疑似同性恋之嫌，我的话一出一鸣惊人，是我把这个局面给挽救了，否则开幕式的时候会出现一堆粉色的衣服。我说如果要让我提供理论依据提供规则的要求，你们随时通知我，我会把一系列文本给决策机构。在荷兰有一个巨大的派对叫粉色节，是同性恋节日，纳粹也曾将粉色的标识贴在同性恋身上，这不是我杜撰的，这是依据。还有，从第1届奥运会到第28届奥运会，哪一届男人穿着粉色的西装出来？这是概率论，即使有粉色也不是西装，可能是T恤。这就是所谓的潜规则，国际惯例在这类大的盛会的时候都是有规则可循的。凡是发达国家入场式的服装一定按照国际惯例去做，美国、英国、法国、意大利、德国、加拿大、亚洲的日本、韩国，即使中国的香港、台湾，从某种意义上来讲，香港和台湾比北京的着装国际化程度高多了，解读规则比我们强多了。大家都知道，国民党主席连战先生第一次访问大陆，他的装束是非常讲究的。我给大家讲4级判断的阶梯，第1级是讲究，第2级是得体，第3级是不适当，第4级是禁忌，连战先生穿着黑色西装银灰色的领带，他对第一次访问大陆很在意很重视，因为银灰色的领带在正式场合中的级别是最高的。

中国改革开放是1980年代初，在开联合国大会的时候中国领导人的服装使世界敏感到了变化，赵紫阳穿了一件什么衣服呢？深蓝色的西装、白色衬衣、银灰色的领带，赵紫阳一站起来一片哗然，下面开始骚动开始窃窃私语，主题是中国要改革开放。1980年代初的时候中国大陆每人一件西服是胡耀邦总书记提出来的，中国人由此形成穿西服的习惯。中山装和西装同时出现，西装开始走上坡路，中央电视台的主持人都是以西装为主一直到今天。有天中央电视台新闻联播主持人张宏民穿中山装出来了，世界又哗然说中国要闭关锁国，用装束来推测中国的时局。因为这件事情，张宏民召开了一个记者招待会，解释为什么穿中山装，张宏民说没有规定主持人必须穿西装但大家都习惯穿，中山装还是有一定的空间，当时应该另一个人主播，那个主播生病了他临时代替，中山装和西装的区别是更方便，不用打领带，所以在这样的背景下他选择了中山装，但没想到造成这么大的政治风波。

回来再看奥运会入场式的服装，粉色被否定以后用什么方案就提到议事日程上来，最后的服装是妥协的方案，"西红柿炒鸡蛋"就浮出水面，因为它是最保险的方案，国旗是红色，五角星是黄色，旗杆是白色，所以中国体育代表团服装主色是红色，附色是黄，搭配色是白，这个方案最保险，国旗的三个颜色谁还敢反对呢？在国际惯例中有一个运动西装的规则，有一个很重要的视觉符号是金属钮扣，凡是有金属钮扣的就是运动西装，后来空姐服装、军服、警服等制服都有金属扣，这也是一种国际惯例。在运动西装中最标准的是藏蓝色，然后是酒红色，可以根据不同的民族习惯去选择。搭配标准是上深下浅，这是很正规很讲究的，所以我们没有反对上红下白的方案。但我们反对男士穿黄色衬衣，有色衬衣不是不能用但是要慎用，TPO是讲究场合的，明黄色的衬衣不要用，在白领阶层中根本没有明黄色的地位。黄色衬衣有什么问题呢？疑似阿飞，黄色在高层在白领阶层里面几乎是禁忌，连不适当都谈不上，更谈不上得体了。但是决策中的政治图解占上风了，本次奥运会中国体育代表团入场式的服装还是以"西红柿炒蛋"出现。

我们发现中国最会穿衣服的那群人是工商界的老总，我们在官员的层面在国家管理者层面非常需要做这样一个培训或者是启蒙运动。西方国家所谓的规则是按照美国西欧为代表的国家制定的规则，服装也是这样，美国给世界定了一个圈圈，大家看一看，伊拉克、伊朗、巴勒斯坦、古巴、委内瑞拉、朝鲜，这是列入美国黑名单被先发制人的国家，这些国家领导人怎么穿衣服呢？按俗话就是不按规则出牌的人，萨达姆爱穿迷彩制服，伊朗领导人穿西装从来不系领带，巴勒斯坦领导人穿西装戴着阿拉伯头巾，朝鲜总统穿夹克，委内瑞拉总统穿小痞子的红衬衫。这是一个很有意思的现象。阿拉法特去世以后上了一个阿巴斯，他是亲西方派，穿礼服外套，阿巴斯一上台巴勒斯坦和西方国家关系就好了。

> 职场着装六不准：
> 第一过分杂乱；第二过分鲜艳；第三不能过分暴露；第四过分透视；第五过分短小；第六过分紧身。

我们国家的领导人已经意识到着装的通行礼仪问题了，汶川地震后中国政治局成员在中南海门前有一个仪式就是全国致哀的仪式，领导人都穿着黑色的套装系着黑色的领带，在国际惯例上告别仪式时用黑色领带。

还有，现在穿西装已经不穿白色的袜子了，黑色、深蓝色、深灰色这三个颜色的袜子是国际惯例，IBM公司每年给员工买一沓黑色袜子。在写字楼里面的白领不要穿白色的袜子，白色的袜子属于不得体不适当，甚至可以算是禁忌。

如果进入国际社会，要先把国际规则搞清楚。处于十字路口的现象出现了，我们必须正面面对，不可能回到古代见面磕头，走国际化道路再本土化。

奥巴马就职时候穿的大衣是查斯特菲尔德，与2002年布什访华时穿的衣服一模一样。再向前看，30年尼克松下飞机和周恩来世纪握手的时候，尼克松穿的也是一样的外套。1944年丘吉尔穿的外套还是这样的。为什么首脑在很正式的场合中要选择这样的衣服呢？向外界传递什么信息呢？从1944年到现在这种外套没有发生根本的改变，它的出身是羊绒大衣，是19世纪中叶形成的，到现在没有发生过根本改变。这个惯例来自于英国的查斯特菲尔德勋爵。查斯特菲尔德给他儿子写过一部书，教他儿子怎么做一个绅士，包括言谈举止、穿衣打扮、和人交往。

TPO知识系统是什么呢？现在我们粗略地给大家设计一个平台，设计一个衣橱。本次演讲的主题虽然是男装，但不排除男装对女装起到很大的作用，女装90%的元素都是从男装借鉴过去的，这是事实不是我个人的观点。女性把男人的衣服借鉴过去之后发扬光大，职场中女装也有禁忌、有讲究、有不适当的级别之分。女装最具有本性特质的衣服是连衣裙，连衣裙是女装特有的，所以凡是正式场合都是连衣裙，比如婚纱、晚装。改革开放初期，有些发达国家向中国投资，投资之前要考察投资环境，有一个美国考察团到北京考察，下榻北京最高级的酒店，代表团的团长和翻译说了一句话，叫翻译差点没跳起来，他说"我很恐惧"，翻译问他为什么有这种感觉，他说："服务的小姐为什么都穿着超短的皮裙？超短的皮裙是一种职业的象征，我像进入一个巨大的红灯区。"翻译恍然大悟，在国外性从业者是合法职业，标志就是穿超短皮

> 白领女士还要注意在公共场合裙长是有规定的，要在膝盖上下大约10公分，裙子的摆幅不要太宽太大，超长也不行。

裙，于是翻译赶紧找不是这种装扮的酒店去了。白领女士还要注意在公共场合裙长是有规定的，要在膝盖上、下大约10公分，裙子的摆幅不要太宽太大，超长也不行，公司里有碎纸机，会把裙子卷进去。规则是按照社会的习惯和公用来制定的，不是拍脑袋出来的。现在我们国内乱穿的现象是很普遍的，很多有身份的人穿超短裙。

还有婚纱的问题，按照西方的方式举行典礼的时候，男人选择黑色的西服，女装选择白色的婚纱，穿有色婚纱是二婚，白色婚纱是头婚。卡米拉和查尔斯结婚时穿的是浅灰色的婚礼服，从衣服可以判断出她是第二次结婚。在发达国家有身份的人一定要接受着装教育。女装比如晚装中的亮片低胸衣长，级别越高裙子越长。北欧纯粹是女权社会，这个社会很成熟，家庭里面受欺负的不是女人而是男人，这个社会强势的是女人不是男人，发达国家如西欧也是一样，从这一点可以发现，社会发展越进步，越是发达国家，男人和女人的社会地位越是可以分庭抗礼的，在这样一个前提下，但一般来讲还是以男人社交规则去衡量女装的。

去年我到美国访问，美国社会的礼服系统中有三个级别，第一礼服是晨礼服，指日间的第一礼服，并不是早晨穿的，就是黑色套装，属于日常礼服（也可以叫做准礼服）。晨礼服不能够打领结，只能打领带或领巾，用领巾时，一种悬垂法、一种交叉法打领巾；搭配晨礼服的衬衣胸部是没有饰物的；黑色皮鞋。

瑞典的诺贝尔奖颁奖时要举行盛大的晚宴，男人一定要穿燕尾服，女性穿低胸长裙身上有亮片，美国总统布什访问英国时英国总统也穿燕尾服。燕尾服是18点以后穿的，戴白色领结。晚上扎领结与宴会有关系，因为宴会的时候领带容易掉到盘子里。正式礼服以领带和领结区别晚上还是白天穿着；在白天和晚上必须是有区别的，漆皮鞋必须用在晚上。选择手杖，球柄手杖用在晚上，勾柄手杖用在白天；在晚礼服里面不允许露腰带，在职场穿西装不露腰带也是恰当的。

　　黑色套装是全天候礼服，是双排扣，配白天的元素是日间礼服，配晚上的元素是晚间礼服，晚上的元素和白天的元素不能混同在同一时间出现。双排扣的级别比单排扣的级别要高，灰色比深蓝色降了一级。

　　西装有三个版本三个类型，运动西装是有个性的，夹克西装是休闲西装，单西是单件西装。在有的公司里面有星期五休闲日，周五时可以不穿相同颜色相同材质搭配的衣服，很国际化的公司才这样。三件套比两件套级别要高，穿成套西装的时候必须要打领带，单件西装可以不打领带。休闲西装是无条件组合，单西可以很正式也可以很休闲。

　　当我们选择休闲服的时候，一个很重要的指标是看它有没有功用，任何一个你不能确认有功用的话就不要买；正宗的T恤一定没有口袋，讲究的T恤一定不会很花哨；

　　君主立宪国家往往保持着非常严谨的着装礼仪，比如日本，把国际惯例引进之后本土化，每年首相登基时要穿晨礼服照全家福；

　　看酒店的服务生就能看出是否国际化，不要扎领结，用领带或领巾，黑灰条相间的裤子银灰色领带灰色衬衣是标准。

　　那么要买高品质的东西是不是就一定要花很多钱呢？不是的，要穿出智慧。2000年我骑自行车在东四路过一些外贸店，发现一个小外贸店挂着一件白兰度夹克即摩托夹克，我不敢确定，下车进去一看，水牛皮，铝质拉链，款式和白兰度夹克一模一样，衣服非常沉，是真材实料，出口日本。我心花怒放，1300元钱，这件衣服穿到棺材里面都值，是经典。但是我必须划价，划价的技巧是拦腰砍一半，我问600元钱卖不卖，这些属于尾货，比如给日本出口要做1万件，必须做出200件备用，有问题的要从这200件里挑好的给出口，剩下的200件有的有问题有的没有问题的就是尾货，剩下的落到中国市场就是所谓的外贸，尾货卖一件挣一件没有成本，所以价钱不会高。我跟拍卖会一样给涨到900元钱，成交了，我用900元钱买了一件地道的白兰度夹克，在王府井这一件没有下1万元钱的。这就叫穿出智慧，祝愿大家穿出智慧。

理好钱才不缺钱

唐伟青　发掘您的理财潜能
刘彦斌　理财有道
张　瑛　家庭理财之保险规划需求导航
郑润祥　家庭理财之如何投资黄金
张卫星　黄金投资正当时

唐伟青

光大银行长安支行理财中心主任,有10余年的银行从业经历。2006年获得总行营业部"十佳理财明星"称号,2007年荣获光大银行北京分行优秀理财师称号,在2007年"光大杯"和讯网全国理财师大赛上获个人四等奖。

发掘您的理财潜能

◆ 唐伟青

　　我是光大银行的第一批理财工作人员。2004年光大银行率先在中国推出了理财业务，这几年一路走过来，见证了中国理财市场发展的过程。改革开放20年，中国百姓的生活发生了变化，财富的积累是非常快的，群众从从事经济活动到参与金融活动，因为经济发展到一定程度金融就开始活跃了。

　　我每天会接待各种各样的寻求理财咨询服务的人，给我的感觉炒股、买基金的热情像一种全民的运动，营业网点的人流量与以前相比是个鲜明的对比，各交易大厅非常火爆，反映出大家对投资的一种热情。

　　很多人到银行不是为了储蓄为了存款，而是为了买基金。光大银行成立了第一家理财中心，很多人来寻求一种金融资讯方面的服务。作为理财中心，原来我们的定位都是30万元钱以上的客户，但现在30万元钱以上的客户非常多，从今年年初到8月份我们基本上就没有吃上午饭的时候。

　　这么大的投资热情，反映出咱们国家经济发展的趋势，从宏观和政策层面解读是投资过热。金融运用的货币工具从来不像今年这样频繁，从今年1月份到12月份共10次提高存款准备金率，国家只休息了两个月，几乎每个月都在调，力度非常大。国家连续6次提高存、贷款利率。这些宏观政策调整的背后揭露了通货膨胀的问题，物价上涨就是通货膨胀，大家会听到负利率的问题，资产放在银行，如果投资收益低于通货膨胀率，我们的资产就是逐渐在缩水。

2005年初资产市场开始回暖，股市起来了，相关的基金使老百姓间接入市炒股，投资收益远远大于通货膨胀率。牛市起来了，他们也挣钱了，挣钱的事情在市上不断被放大，水波开始翻，现在发现了一个问题，就是出现老百姓觉得只要炒股买基金就能挣钱，这种热情肯定是不正常的。任何正常的经济活动金融活动都是有序的，不能这么膨胀，于是政府各种相关政策出台了，让股市求好而不是求快。

挣钱效应被放大后，很多老年人年龄非常大了，对基金的认识很盲目，来了就要我帮他们买基金，我问他们知道什么是基金吗，他们说大概知道一点，我问为什么要买基金，他们说基金能挣钱收益高，我问买哪支基金，他们说哪支收益最高最买哪支，我告诉他们，"买基金是有风险的，您们知道吗？"他们说不知道，只知道人家告诉他们买基金能挣钱。我说基金也能赔钱的，他们不信，说别人都挣钱了，邻居、朋友买基金都挣钱了。这些老年人没有风险意识，6、7月份都沉浮在基金、股市里的人挣钱的多，但8月份开始金融调控以后，8月份买基金的人就赔钱了。这体现了老百姓投资的盲目。

我们需要理财，我们必须理财。因为随着金融投资产品和渠道的多样化、个人资产及消费欲望的增加、人生财务风险的增加，你不理财，财不理你。理财能使资产保值、增值，从而实现我们的人生目标。

理财是什么？理财是对钱财的规划，是一个基于人生规划的财务规划。理财是一个过程，与人生一样漫长的过程。

理财不等于就是投资，理财与投资是不同的概念，但二者关系密切。简单的说：投资的目的就是获利，其间涉及风险；理财却包括计划、管理及解决问题。投资是理财的行为之一，故理财涵盖投资。

理财贯穿人的一生，从你一出生起就应当对人生进行规划，在18岁之前大家可能都不具备这方面的能力，但家长、长辈肯定在替你打理。每个人的个性情况都是不一样的，结合您的具体情况、特点要制定人生规划，在人生发展过程中不断调整和修正人生的财务规划。

很多人很盲目，认为理财就是挣钱就是发财。光大银行2004年在全国最早推出外币理财系统，当时我们推出的理财产品固定收益加无风险收益是2.7或者2.6。我们推了几期之后，在国际金融市场上运作，有很多衍生产品，我们会保证本金安全，但收益是和标的物挂钩的，如果没有达到预定条件，收益可能就会为零。银行的销售人员必须让客户知道风险，但客户听到理财就觉得肯定能挣钱。我们有一期产品叫"滚雪球"，这是和利率挂钩的，因为美元利率走高，这个产品突破了底限利润为零，这个产品潜在的风险是非常大的，大家都非常谨慎，整个北京地区销售得不多，我们这个理财中心只有6单。有个客户就买了这个产品，这个客户投了5000美元，这5000美元可能占他个人财产的比重比较大，所以他接受不了利润为零的事实，说他从小就玩滚雪球，雪球只有越滚越大不可能越滚越小。"滚雪球"这个产品的名称让人感觉非常美好，但最终结果是不尽人意的，这个客户停留在表面层次，无论如何不能接受。理财时有协议，他什么都不看，就说我们把雪球滚小滚化没有了。理财不单单是能发财能挣钱，不是这样的概念。大家对理财要有正确的认识、分析和判断。

理财是贯穿人生的一个过程，从一开始对人生就要有个规划，人的一生中会有怎样的生活计划呢？人生最简单会有三大理财需求：购房、子女教育、养老。每一个人可能结婚成家就会有孩子，有了小孩之后就开始为子女进行筹划，筹划让子女将来接受什么样的教育，上什么样的小学、中学、大学，要尽心尽力把孩子打造出来，自己省吃俭用都可以，这是父母的心态；孩子结婚或者孩子工作以后家长就开始谋划购房这件事，可能有实力的家长在孩子没有独立时就开始谋划了。现在房价是突飞猛进地涨，购房的需求给大家带来的压力是非常大的，有房子才能安居乐业；第三个需求就是退休养老，差不多80%的城市居民养老都是走社会养老保险，现在拿养老保险的人当时都是在工资收入不是很高的情况下退休的，落差不是很大。而现在四五十岁的中年人马上就要面临退出社会活动拿养老保险度日，如果没有积蓄，和现在收入的差距是非常大的，按照现在社会养老保险的机制，你从社保拿到的退休金，和现在的收入相比基本上只能占到30%，那时如果没有补贴，生活品质和质量肯定会下降一大块。所以要未雨绸缪，积累财富扩大财富。像购房、子女教育、养老这样的长期目标，都是人生理财规划过程中的元素。

每一个人都是自己的理财专家，要做到有计划有安排。现在提早退休、寿命延长、不充分的社会福利、没有储蓄、收入太低等问题都出来了，在大的经济形势和背景下，如何安排打理家庭财物和人生财物，对自己和家庭要有一个清醒的认识，要对自己和家庭做个风险属性的测评，确定后才能对您的人生理财有个明确的目标。您是什么样的风险属性，决定了风险投资的比例、适合投资什么样的产品，这是非常重要的。七八十岁的老人不了解基金，看到别人挣钱就买，他们是否具备风险承受能力？如果血本无归能承受得了吗？股市大跌下调，基金也下调，这就是风险属性问题。对自己的家庭个人的风险属性要有个认识和判定，判定后再去投资。很多人在这点上面都是模糊的，很多人到银行问现在有什么产品哪个收益高，但高收益必定伴随着高风险。从2005年到2006年股市一路高涨风险没有发生，大家只看到挣钱的效应。但这几个月就发生了变化。

我们理财行业，会经常说一个小故事。一个年轻人在一个风雨交加的夜晚开着一辆两个座位的跑车经过一个乡间小站，小站上站着三个人，一个是急需送到医院的老太太，一个是对小伙子有救命之恩的医生，一个是风情万种的少女，这个小伙子只能带走一个人，他会带走谁？大家可能会有不同的答案。选择老妇人的是保守型，不适合风险投资。选择带走医生的人是稳健型，可以做一些风险投资。选择带走少女的是激进型，有很高的风险承受能力。这是个关于风险的小测试，你的答案对你自己有一个风险的认定，把你内心潜在的东西给发掘出来。

用100减去自己的年龄，得出的数字就是您适合做风险投资的比例。如果您30岁，可以把积蓄的70%做风险投资。如果您70岁，只能拿30%做投资。如果能承受就可以做。

大家对自己还要有个认定，做一个产品应当首先想到风险，风险发生的时候您的心理底线是什么？按您的条件去选择适合您的产品。无论是个人还是家庭都需要留够充足的紧急预备金，保留3到6个月的开支，您如果一个月花500元钱，预备3到6倍，人难免会在生活过程中遇到什么事情，剩下的再去投资。

比如股市非常好的时候，很多人做短线的热情高涨，你每天都在关注股票，发现某支股票在某一天机会特别好，会想打个短线就出来，有的人就会把所有资金投入进去，在运作过程中你往往没有办法控制自己，99%的人都没法控制，真到它涨的时候您就舍不得出来了，一个涨停板，你会想着卖得更高，就套进去了。散户永远打不过机构，机构研究了散户的心理，所以您挣钱是侥幸，赔钱是必然。如果您真的非常专业，有什么关系背景，这样做是可以的，没有这样条件的情况下一定要把握住理财原则，轻易不要逾越，你的生活才不致被打乱被破坏。

我建议大家如果有条件可以备 或几张信用卡。现在我们国家金融机构在疯狂地竞争，充分竞争的市场会带来消费者受益的情况。金融机构的竞争非常充分,给大家带来无限的机会,大家要把握住这个时代,这个过程不会太长,如果在这个时代没有充分把握,可能会错过这个机会。现在有些银行对有些账户会收管理费,在争夺储户时免费的时代就过去了。现在信用卡处于大家分享盛宴的时候,信用卡有几种好处,每家银行会给你一个额度,你可能消费几次就会免年费,最长能享受50天到60天的免息,您就免费地借了一笔钱,不用欠任何人人情。您如果有一张银行信用卡,一般针对普通用户的信用卡是5万,如果开始不是,随着您信用的增加可能会达到5万。如果您有两三张信用卡就会达到15万元钱,有一个月的周转时间,就不至于会很着急。找一个人借你10万元钱非常难,找人借钱特别不好意思,你愿意借钱给别人吗?但如果你有一张信用卡就不同了。自古中国老百姓不喜欢借钱,自己有钱就花没钱就忍着,特别有骨气,其实真的有难事的时候还是非常有用的。金融环境这么好,如果你想打短线炒股,有技术分析和判断能力能把握住机会,有了信用卡就能拿活钱去炒个短线。我不是鼓励大家用信用卡炒股,信用卡会核定一个额度,有50%是曲线额度,有几张信用卡可以应对不时之需。我有个朋友,她爱人在大连做海鲜生意,她说存了40万的活期,我问她为什么不理财不投资,我说太可惜了,这笔钱应当很好的投资运作。她说她爱人3月份的时候急需30万元钱,虽然很多亲戚非常有钱,但人家都做了投资拿不出来。后来她去找一个亲戚借钱,聊了一两个小时都没好意思张口,好不容易开口说出来,人家答应了,谈好利息签好协议按了手印,她说爱人下一轮行情来的时候要有充足的资金不至于这么为难,所以把钱存起来。我说咱们是没有沟通,你为什么不办信用卡呢,现在银行对有些客户有10万元的白金信用卡,年金是2000元钱,如果没有达到消费规定的话,会收2000元钱的年金,如果年累积超过30万是免年费的。我让她赶紧去办一张信用卡,有条件再去其他银行办,如果三家银行都批下来就不用着急了。兴业银行曲线额度会向下50%,

最高额度提现能达到90%，我有个客户做批发类生意，大量需要现金，他的曲线额度达到9万。如果能办下信用卡，在今后这种经济交往过程中会非常踏实。如果你不是做商业活动的话，准备信用卡也会非常从容。不建议大家过多提现，提现是有费用的，是按日万分之五收息的。我先生的部门前年新召了个工程师，试用期的工资是两千多元钱，这个外地人在北京买房子需要月供，他没有跳槽之前收入要高，在新的起点收入不是很高。一次那个人磨蹭半天很不好意思地对我先生说要借1000元钱，因为要还贷的日期和发工资的日期差了5天，他要借钱还贷，保证等工资发下来就把钱还给我先生。这种情况持续了两三个月，我对我先生说其实他也很难受，我们完全可以帮他，可以给他办信用卡，我先生说会让人感觉到我们不想借钱给他，我说其实这是在帮他，我就给先生一堆信用卡说你们部门的人可以都办，把信用卡的好处告诉他。这批信用卡很容易就批了，在信用卡批了之后那个人再没有找我先生借过钱，经济就自主了。信用卡非常好，趁现在能吃免费大餐的时候，多备几张银行信用卡以备不时之需。

把紧急预备金准备充足。每个家庭的情况不是很一样，但可能都要考虑子女教育、养老的问题。对教育有个预期，大概会发生什么样的费用，按现在这种通货膨胀率或者教育金成长率需要多少钱，是可以计算出来的，这方面的钱千万不要做投机做高风险的投资，可以做低风险的稳妥型的投资；养老金要根据你的年龄情况未雨绸缪，可以从月收入中拿出500或1000放入稳妥收益中，可以投入到混合型基金或者偏债型基金这种风险低的投资中，这种投资动态配置能力比较强，比较安全。可能有很多家长在子女教育方面考虑很多，对养老问题考虑很少。现在综合的政府社会保障体系其实做得非常少，这时如果自己不做，将来物价水平通货水平一路上扬，那时10万元、20万元远远不够应付你未来的开支。每个月存一些钱，到那时可能是一笔可观的收入。

理财不等于投资，理财千万不能去投机，人生的理财规划好了之后，在大的方向不变的情况下，要不时地做调整，分析自己是什么样的风险属性，有什么样的人生目标，能否投入到风险投资中，再去合理安排短期的目标。最近国家宏观调控政策非常明朗，对于房子，很多人持币待购观望。如果你真的急需购房，要考虑经济情况发展情况何时购房，大家还要充分考虑房贷的问题，要综合考虑。2005年、2006年、2007年选择贷款是合适的，要购房，要准备出首付的钱，银行给你的贷款额度是每月不能超过家庭收入的50%，因此你能计算出能从银行拿到多少贷款，要准备多少首付，要买一个什么样的房子，不要太盲目，综合当地的情况综合考虑。分析现在房价下浮能调到多少，密切关注把握时机，通货膨胀率短期内不会控制下来，现在人民币对欧元也在升值，造成资本市场即股市、地产市场的现状，只要人民币升值不减，股市、地产市场的增速不会是逆行的。居民的财产化收入一个是动产一个是不动产，不动产一个就是房产，现在居民城镇化，加快城镇化的步伐，农村大量人口涌入城市，有住房的需求，造成房屋价格下调的空间不是特别大。

个人理财、家庭理财规划一定要有计划性有条理，中国有句老话"吃不穷，穿不穷，不会算计一定穷"，把理财、投资、投机分开来，有一个清晰的家庭理财的条件框架，在框架下进行运作，在风险投资比例下到资本市场打拼博弈，能够获得丰厚的回报，即使发生风险也不会影响家庭生活的质量。

不能忽视化解家庭财务风险的重要性。现在老百姓非常抵触保险，我认为家庭、个人一定要有保险，国家的社会保障体系不是很完善，国家经济增长、投资过热，按照正常发展模式，现在是低就位低创业，大部分人不会去创业，几千、几万人去争一个公务员的岗位，虽然公务员工资不是很高，但保障好，不会有太高的竞争压力，各方面的保障很完善，但毕竟公务员占社会人群非常少的一部分。很多单位没有补充医疗保险，一旦大病发生会给家庭带来很大困难；有很多家庭潜藏着巨大的风险，有的女同志嫁得很好，嫁了个大款，住别墅开好车，老公很能挣钱，养两三个孩子，但这种家庭的财务风险是非常大的，家庭唯一的收入来源就是先生，如果他有个三长两短，家里的天就塌了，他可能创造、积累了很多财富，但如果一旦事情发生，全职太太就傻了。如果为先生上了足额的人身保险，一旦不幸发生，会拿到巨额的补偿，能应对家庭的需要，给一个缓冲，不用动用家庭积蓄，让太太接手有个过程；有很多人对保险非常抵触，一般家庭来说应当有保险，应当测算一下家庭的主要收入是什么，一旦出现什么情况，家庭维持开支大概需要多少钱，把这个额度算出来，可以买个定期寿险或者意外险，把家庭的财务风险化解了，不要人为地一听到保险就很烦。大病险也应当上，一旦大病发生是很突然的，你能得到额外的给付，不用动用家庭的积蓄，一定要化解家庭财务风险。

现在有很多保险类的理财产品，有很多人买保险非常盲目，保险类理财产品借助银行这个平台销售，如果银行的工作人员职业道德不是很好，投资者自己又不是很清楚，把他当成理财专家，会出现问题。所以现在要求保险业务员必须要挂牌上岗，银行销售的保险类理财产品，不能说是银行的理财产品。但很多客户在其他银行买了保险类理财产品，认为收益会很好，我问他们为什么要买保险公司的理财产品，客户认为收益高，这是个误区，把它当成理财买。银行理财和保险理财相比，银行更具有优势，你理财何必买保险公司的理财产品？除非你买保险看中的是保险，此外满足理财需要又有保障，如果单纯理财，就去买银行的理财产品或者基金类的理财产品。有个客户非常盲目，买了50万保险公司的理财产品，现在想退，但要收很高比例的退出费。虽然持有收益不是太高，我问客户有保险吗，她说没有，我就让她先拿着。保险类的理财产品给你的保障是什么？如果保障对您来说还是有用的，你可以去买保险类理财产品。一定要首先关注对您的保障是什么，而不要盲目地看收益。这个市场是此一时彼一时的，一定要界定、一定要分清楚。去年一种保险类理财产品的收益达到33%，但这只是过往而不是承诺，大家一定要分辨清楚，在购买保险理财产品时关注的是保障。保险类理财产品在什么条件下可以买？很多是隐匿财产的情况，司法介入调查时会查银行不会查保险。现在有很多个体工商户出事后考虑到会牵连到家庭财产，就会买保险类的理财产品，如果他个人发生意外，还有一个保障，这些人非常精，一旦发生经济纠纷，就把财产隐匿起来。

不要把鸡蛋放在一个篮子里，每上升一个台阶都要攻守兼备。一定要把产品多缘化，分散风险。金融产品的特点是：多元化的投资渠道；多元化的组合搭配；多种风险水平可供选择；需要长期投资。现在大家作为普通百姓可以选择的金融产品很多，动产有股票、基金、债券，不动产有房、车。股票风险高、流动性强。基金有开放式的、封闭式的、股票型的、债券型的、指数型的。国债收益稳定。股票、基金、债券都属于高风险的投资，你对自己要有个风险界定，知道自己的风险投资比例，再进入市场。在投资之前首先要有一个良好的心态，我盈利多少是一个界，我损失多少能承受，把握好了才能做投资。整个股市把全国人民忽悠得非常不好，没有心思工作、上班，人人都谈股票，心态也不对，倾其所有投入到股市去之后，股市每分每秒都牵动着他的心。所以必须要有一个良好的心态。指数型基金、股票型基金与股市的关联度是非常高的，我有一个客户，从中国股市成立以来十几年一直伴随着它的成长，这个客户是个军人，非常聪明，他投资以后做得非常成功，他以前觉得买基金不如炒股，一直在炒股，不做基金。其实基金有整体的机构有个平台，他们有风险控制平台、有筛选平台，还会去买情报，是个团队，而一个人的精力才智是有限的。我给他推荐了光大银行托管的一些基金，每一阶段我都向他通报一下业绩，这个客户后来研究了几支基金，决定买基金。他是个非常客观聪明的人，他原来在股市上有1000多万元钱，为了保护大户的席位，保留了300万在股市之后其余的钱买了基金，每个月他都会把股票和基金做对比，发现自己都没有人家做得好，他说现在做股票就是玩。做基金和做股票的比例能调配好，有充分的精力投身到国家的经济建设，这是国家调控的一个很重要的因素。一些小的做生意的客户打拼非常难，全部资金收回来买基金。2006年随便买支股票都是涨的，收益非常好，股市靠什么支撑？靠企业、经济的发展，股市是经济的晴雨表。

炒股不要盲目地听消息，你不知道哪个故事是真的哪个故事是假的，有90%的故事会把你套住。我有个客户存了200万元，我和她做沟通，分析判断做了个资产配置，多少买股票型基金、多少买债券型基金，有一天她拿着50万的现金说要买股票，据我和她的沟通，她是个风险承受能力非常低的人，她不适合买股票，但她说南方某个电视台的导演是她非常好的朋友，那个朋友告诉她说有消息，必须要买进去，我看到她要买的那支股票是垃圾股，我说："如果你确信，我不挡着你的财路，但如果你的消息是假的，你会赔钱的。"我说做股票型基金会比较稳妥，让她看那支股票的走势，但她非要买，我说了很久，她说拿20万买基金不买股票了。但第二天她说还是买了30万元的股票，她觉得基金挣钱慢股票挣钱快。她说日本股市疯了10年，中国股市怎么也得疯5年现在才疯了1年，我说国家可能让股市持续牛市5年但不会疯5年，国家会调控的，她买后第三天股市就下来了，她买的股票跌得特别厉害，50%都没有了。我说过股市有风险，她说没想到会这样，后来她天天给我打电话问股票怎么样，大概到7月份那支股票才慢慢涨回去，不管她朋友的消息是否是真的她都坚持一定要卖，逼着我下面的一个助理给卖掉了，卖完之后隔了两天她的股票就一个涨停板。后来她又要买一支蓝酬股，在挺高的价位买进去了，买完之后又跌下来了，她又想卖，我说业绩不错让她等等，后来挣了1元钱卖掉了。到最后她两支股票挣了1万多元钱,把她彻底教育了一下。很多人买股票非常盲目,这种情况下不如买基金。基金有很多种,有开放式、封闭式、股票型、债券型、指数型,股票型基金和指数型基金和股市联系非常高,风险非常大。如果你风险承受能力高,可以买高收益高风险的。如果是稳健型的,可以调整一下策略可以买偏债型或债券型的基金,收益比较均衡,在市场发生熊市、牛市的时候都会比较自如,要分清基金的性质进行选择,有很多投资者买基金就是觉得能挣钱,不考虑自己的风险水平,对基金没有认识和分析判断,如果发生情况是承受不了的。

基金出海QD2,中国市场发展非常快,很多人觉得在境外市场运作,能获得超额的投资收益,收益水平是非常高的。现在国内的基金经理确实投资水平比较高,但没有一个是罗杰斯吧?老百姓认识不到这一点,就是盲目、疯狂地去买。国家第一支华安就是一支QD2基金,当时基金市场还没有起来,我买了这支基金,因为作为专业人士,如果你自身不去参与,了解和关注不会那么高。一年下来1.03,除去人民币一年升值7%,我是净亏损的,大家都知道股票型基金是100%的收益。当时雷曼兄弟做华安的投资顾问,选的是实力最强的基金经理。出海远航的人现在全部在亏损。买基金时要有一个清醒的认识和判断,大家买基金也要认识到未来股市还会是牛市会持续几年,但不会涨得那么猛。有什么样的心态、心理预期,会涉及到你的人生理财规划的收益情况,如果我按10%收益来做测算,十年会累积多少资金,心理预期一定要调对。

买基金时的定投问题,这是基金公司提出的比较新的理念,和零存整取是一个概念,投资者被宣传迷惑了,觉得风险分散收益稳定特别好。定投适合强制储蓄,比如每个月积累养老金和子女教育金投资,选择定投是非常好的。如果非常有实力,做定投是非常不明智的。我有个客户要买基金,客户经理劝他买定投,他就买了定投。定投好但得分是谁去做,定投是强制储蓄的性质,你有这么一笔钱却不一次性投入,如果年收益10%,60万一次性投进去到年底就是6万元,定投每个月投5万元投12个月,收益是28000元,为什么要去做定投?有很多朋友包括我的家里人都问我去年年底和今年年初做定投好不好,每个月给小孩做存款的钱可以做定投。不是现在有一笔钱就一定要做定投,今年的100元钱和明年的100元钱是不一样的。

银行的理财产品现在品种很多,有结构型理财产品、资产管理类理财产品、固定收益类理财产品。投资都是有风险的,也有保本保收益的,保本保收益的低风险,收益可能会低。浮动收益的有保本有不保本的,大家要分清楚,不要把预期收益想成是固定的。每个产品的投资情况不一样,挂钩的标的物也不一样,挂钩的是什么样的标的物,标志着你要承受什么样的风险。投资标的物不一样,意味着风险也不一样。金融产品特点与风险有如下区分:保本确定收益;保本不确定收益;不保本型确定收益;不保本不确定收益。

在做理财产品资产配置的时候,要考虑到人生目标的问题,为不同的人生目标制定/方案选择合适的金融产品。很多人对子女教育金有个预期,比如让孩子将来出国留学,办理的时候要有存款证明,选择股票、基金、银行的理财产品是不能出具存款证明的,投资和运作的模式决定了是否能出具存款证明,如果您有送孩子出国的打算,购买理财产品时一定要关注是否能出具存款证明,国债、储蓄都可以出具存款证明。现在买国债的人比较少,如果你有这方面的需求,一定要选择能开存款证明的理财产品,用的时候不至于开不出来,耽误了孩子就是大事。出国旅游都要求有存款证明,可能比较低是5万元钱,我一个朋友想出国旅游,全家三口人,但只有一个理财产品能出具5万元的存款证明,不得已只能借10万元钱存入银行。提前要有个预期,知道让他去哪个国家,不同国家对存款追溯的时间不一致、要求的金额也不等。

动产有股票、基金、债券、银行的理财产品。此外，个人能够投资的黄金、艺术品、收藏品，也是一个重要的投资手段。作为个人投资者，黄金的操作性要强一些。很多人想投实物金，建议有实力的人可以这样做。买一根金条要十几万元钱，还有保存的成本，放在家里还感觉不踏实。此外还涉及到纯度等方面的问题，个人不一定具备鉴定的能力。纸黄金是非常好的选择，如果大家要投资黄金又不特别有实力，可以做纸黄金。艺术品要求具备鉴定能力和鉴赏能力，要具备这样的能力非常有难度，占用的资金比较多，变现难度大，要谨慎。

不动产包括房产、汽车，汽车是个消耗品，养车要花费很多钱，不是投资的题目。房产投资是非常好的选择，但不要投太多，房产变现存在一定难度，不像基金、股票变现那么容易，涉及到相关税费一系列的问题，把握好时机，这是投资的品种。

理财中应避免几种行为：1.买基金像买股票；2.盲目投资，随意调整理财目标；3.孤注一掷。

最后总结一下，个人理财要对自己有个风险属性的判断，有一个良好的心态，进行资产配置和选择，定期对产品进行检测和修整。

刘彦斌

国家职业技能鉴定专家委员会委员,理财规划师专业委员会秘书长,北京东方华尔金融咨询有限责任公司总裁。有12年的投资银行及证券投资从业经历,对个人理财和公司理财有较深入的研究和丰富的实践经验。《国家职业资格培训教程——理财规划师》(第二版)执行主编。

理财有道

◆ 刘彦斌

今天说说钱的事,讲讲理财。

最近中国股市是空前火爆,你们炒股票吗?很多人都在炒股票。前些天很多人都是以一种疯狂的状态进入股票市场,股票市场是理财中最主要的工具,但不是理财的全部。

下面给大家讲讲股票。前些天我在中央电视台录制有关股票的节目,加设了一期节目是《股票增到四千点,我们如何应对》。股票现在属于一种疯狂状态,没有人能说准股票能涨到多少,能预测股票的只有三种人:天才、疯子、骗子。能涨到四千点、五千点、六千点、七千点还是八千点,没有人说得准,从投资角度讲,股票市场是高估的。对大家有参考的是,股票型基金的投资大户都处于收手的状态,他们都在卖,他们正在出售,更多接货的是老百姓。我在市场做了15年,都接了好几轮了,在市场最狂热的时候,新股民会觉得越涨越见涨,老股民会觉得越涨越害怕,害怕被套到,生手不怕。原来有人问我"生手什么时间会收手",我说他赔光了就会收手了。看太多的书,听太多的话是没有用的,只有钱才能让人长记性,只有输钱才会长记性。这个市场有一定赌博性，股票什么时间拉起来、公司会出现什么问题？你都是不知道的。

中国的股票市场在从一千点涨到现在四千点的时候经历了几个阶段：

一、从一千点到两千点的市场是价值规律阶段。

中国股票在一千点的时候，价值过分低估了，很多有价值的上市公司都被低估了，但低估不是从一千点开始的，是从五百点、一千点以下就开始的，到反转要经历非常长的过程，如果你在一千五百点以下买你就赚大了，因为这是在低位的区域，到一千点需要经过一年一个漫长的过程。

二、从一千点到两千点，我们称之为这个市场的价值被挥霍。

三、从两千点到三千点，我个人把它称之为价值塌陷。

在中国经济高速增长的背景下，中国上市公司的价值没有完全体现出价值来，应当有更高的合理的估值水平。

四、从三千点到四千点的时候称为价值编造。

这个阶段基本上属于编故事的阶段，上市公司都会做出很多美好的承诺和故事，说未来五年、十年会怎么样，基本他们自己说完都不知道会怎么样，会说有多少资产注入公司、公司会如何腾飞，有个坐庄的说他们的股票从三元钱做到二十元钱，他说准备两年时间做到两百元钱。这样的故事在报纸上天天会有，编造的结果不一定都是假的，有的是真的有的是假的，现在是真假消息满天飞，内外勾结的现象是普遍的。现在是交易市场最乱的时候，我称之为"价值编造"。我本人是操盘手出身，我是干这个的，2001年时我们是坐盘的，我知道他们在做什么，前面说着股价，后面编着故事，告诉你在哪个阶段注入故事。但我都没见过现在这么疯的时候，我没有见到现在这样疯的市场。一定要小心再小心，一定要非常小心，"众人皆醉我独醒"，自古以来古今中外有排着大队挣钱的吗？永远是少数人挣多数人的钱,有排大队都挣钱的吗?有一次我在中央电视台做节目,我对一个新开户的阿姨说,"股票市场有个铁律:十个人做股票,一个人挣两个人平七个人赔";她说,"现在我不信了,因为我的周围人都在挣钱",我说这个规律是铁的,如果大家都觉得挣钱排着队去,现在做股票的人比商场打折时候去的人多多了,如果继续演变下去就是崩盘的前兆,跌下去的速度会和涨上去的速度一样快,十万元钱变成五万元钱只要五天就够了。新股民没有见过这样的阵势,第一天拉起来,第二天开市就跌下来,连续五天你十万元血汗钱就变成五万元钱,这个市场不是那么好做的。现在是全民炒股,现在股票已经成为一种投资是一种运动,每个人都想当股神,现在你们也不用听什么专家的,没有什么专家,等股票跌下来的时候,这些专家都没有用了。

  投资只是理财的一种手段,一定要用闲钱去投资,不是结婚、养老、孩子上学的这些钱,这些钱投于股票市场时一定要相信一句话:这些钱可能都会赔光。从2000年开始30元钱的股票变成2.5元的还少吗?中央电视台的一个编导说20元钱的股票套到2元钱,很平常的一件事。像去年这种从一千点涨到四千点的行情,一生中可能就这一回。很多人说一生中就这样的一个机会怎么能不挣钱呢?今年三千点以上进入市场的新的股民(不是基金,基金很难从一元钱涨一角钱,但股票很容易)90%会成炮灰,一定会把钱亏掉。因为市场上只有10%的人挣钱,现在老百姓对投资预期太高了。如果一个人10年做股票,每年挣12%,就算是了不起的人。

  我的一个朋友投资6万元,两个月挣4万元,现在是10万元钱。我给他出了一个主意是让他把6万元的本拿出来,用4万元的利润投资,那么赔了也没有关系。市场会让你买单,有人押房子、车子贷款贷高利贷去买股票,也许一次会得逞,但可能一辈子就完蛋了。2000年时我有一个朋友用5000万元买股票,又从银行借5000万元买股票,连做了10个跌停板,到10个跌停板的时候他已经欠证券公司的钱,这个人从此找不到了。买股票一定不能借钱,这是忠告,我见过太多的人,押房子押车去赌就是赌命,与理财无关,与幸福生活无关,理财是要让生活更美好,理财不是一夜暴富。因为股票现在是全民运动,80%的听众会关心这个问题,所以讲理财前先讲讲股票。现在很多大机构都收手了,他们永远走在小散户前面。这个点位上市场已经没有价值了,很多人现在炒股不炒价值,说买五六元钱的股票,投入很低,新股民喜欢买低价位的股票,但低价位的一般都是垃圾,一元钱的东西跌成五角钱。股市如潮水,怎么涨怎么退,当潮水退去的时候,会看见谁没穿衣服在游泳,潮水退去的时候会剥去很多人的衣服。从国内到国外,我见过太多被脱光的人。我从1993年开始做这个市场,给公司做,500万进场,到1996年的时候,500万元的股票只能卖125万,我和自己说如果我把这个股票卖出去,我一辈子可能都挣不回来,1996年时我算命好的,把钱挣回来了。从1996年开始我自己做,我觉得自己已经交了学费了,到2000年时一直顺风顺水,到2001年我做基金,我融资了很多钱,把自己的钱都搭了进去,想一夜暴富,把下辈子的钱挣出来,结果把上辈子的钱都输进去了。像我这样的人多了,股市如火,一把就死。要想做可以,拿出你的闲钱,适量地慢慢地去投。如果你有10万元钱闲着,分三年投进去,今年上半年投2万5,下半年投2万5,明年投5万,后年投5万,对市场有个适应过程,不要想一夜暴富,你抓不住,四五千点还有你抓机会的份吗?你只是送钱去了。我们只见过排大队送钱的,没有见过排大队挣钱的。很多人买股票买权证,前些天网上登载一个阿姨用30万元买了30万元的权证,以为买了低价股,结果行权期过了,30万元钱当天变成废纸,也许她的家庭就此破裂了。我看到一个中年妇女躺在地上,一个中年妇女在撞墙,她们都是买权证出了问题。如果市场涨到六七千点的时候你入市,掉下的时候你不再是撞墙,而是人在大楼上往下跳,因为那时人就失去理智了,人押房子押地想搏一把,搏的结果是惨重的。

下面讲理财。一个人生下来，不管一辈子做什么，公务员也好，老师也好，都有一个共同点，你都离不开钱。可能你一辈子身体健康不去医院，你一辈子遵纪守法没进过法院，但离开钱一天都活不了，理财是每个家庭都会遇到的话题。

如何管理你的钱？孔子说："君子爱财，取之有道。""君子爱财，更应治之有道。""取"是挣钱，"治"是理财。你的收入像一条河，财富像水库，花出去的钱就像流出去的水。理财是从你工作收入之后开始的，同样每月挣3000元，十年后生活会迥异，一个人有房有车供孩子上大学，一个人还在租房住没有钱让孩子读书，原因是一个人会理财一个人不会理财。

理财有什么意义？理财只是生活中的一种习惯。在中央电视台做节目时我们常通过讲故事来抒发道理，这些故事虽然很小，但其中蕴含很深的道理。先来讲华人首富、世界第十富李嘉诚先生是如何爱惜钱财的？李嘉诚的资产位于全球华人之首，李嘉诚生活的节俭是尽人皆知的，永远是白衬衫蓝西装，生活是非常节俭的。有一天李嘉诚先生从家里出来，从兜里掏车钥匙，从兜里蹦出两元的硬币掉到地上，李嘉诚弯腰去捡，一个印度保安把钱捡起来递给他，他把两元钱的硬币收起来，从兜内掏出一百元港币给了保安。别人很不解，问李嘉诚先生为何这么做，他说"这一百元港元是他给我服务，我给的报酬。如果两元的硬币不捡起来，可能会被车碾到地里，可能会掉到沟里，就会浪费掉，钱是用来花的，但是不可以浪费。"我们从这个小故事可以看到巨富对金钱的态度是爱惜，你不爱钱，钱不爱你，很多人没有钱，是因为他不爱钱。

再讲另外一个故事，19世纪石油大王洛克菲勒一辈子挣了10亿美元，一生捐了7亿5千万美元，他活了98岁，他生活非常节俭。他每次出差都要旅馆最廉价的房间住，经理问他为何他儿子每次去都住最豪华的房间而他要住最便宜的房间，他说："因为他有一个有钱的爸爸，而我没有。"有一天洛克菲勒想坐公共汽车回家，向秘书借一元钱，他让秘书记得第二天提醒他还一元钱，秘书说一元钱不算什么，他说"一元钱放到银行，十年才能变成另外的一元钱"，节省钱是很多富人的习惯。从一个故事讲理财的特点。世界股神巴菲特一生50年投资，一生收益30%，像这种人是绝无仅有的，是股神。有一天他去机场要出差，打电话需要10美分，他向朋友要10美分，朋友给了他20美分，他去换零钱，朋友说20美分也可以打电话，他把零钱递给朋友说这样会浪费10美分，巴菲特说，"今天的10美分就是明天的100美元"，在他们眼里，钱是可以生钱的。1624年荷兰人花24美元买下了曼哈顿岛，从1624年到现在是380年，如果24美元不买曼哈顿岛用来做投资，每年8%收益，380年、8%的收益到今天值50万亿美元，今年用50万亿美元一样可以买下美国的曼哈顿岛。

理财的秘密是："爱惜钱，节省钱，钱生钱，坚持不懈。"所有的富人都是这样富起来的。理财与创富是两回事，理财的秘密是很简单的，只要你按"爱惜钱，节省钱，钱生钱，坚持不懈"这个秘密去做，你就会成为有钱的人，当然这种"有钱"是相对的，是比现在的生活水平高。如果他不用钱投资不用钱生钱，那么十年后他仍是穷人。

什么是理财？理财是一个人为了实现自己的生活目标而合理管理自己财务资源的过程。结婚、生子、养老都是生活目标，理财是一个过程。从你独立挣钱开始，到你死亡离开这个世界是贯彻一生的过程。22岁以前你的生活水平和你父母是离不开的，22岁以后生活水平是由你自己的赚钱能力和理财能力决定的。中国人最没出息的就是没钱时向父母要，啃老族在理财之外，理财是要自立，是为了实现生活目标管理财务的过程。你的收入像一条河，财富是水库，花出去的钱是流出去的水，只有剩在水库中的钱才是你家的财富。理财是管好你家的水库，说得通俗就是"管钱"。花出去的钱不是财，剩下的钱才是财，剩下多少钱是你为自己创造了多少财富，一个人挣了100万元，花了90万元，给自己剩了10万元，那么就是创造了10万元的财富。现在25岁至35岁之间的很多人是月光族，这就无财可理。理财是管钱，理财包括三个环节：1.攒钱。2.生钱。3.护钱。如果你开车撞了人，没有上保险，那么积蓄都赔进去了。收入应当是税后的钱，公民应当合理纳税，这是一个国家建设和发展的基础。理财是帮助你家的水库让你家的水库中随时都有水。很多人兜里没有钱，不敢娶媳妇不敢生孩子，养成的恶性循环是没有钱就去借钱。一个人不买保险就像一个人不穿衣服，但不是把所有的钱都买保险，有些保险公司在误导老百姓。理财是让水库中有水，开源节流，养老保险、社会保险都是你年轻时存下的水，老了要过安逸的晚年，兜里没钱就不行。

为什么理财？理财有什么必要性和重要性？

第一，人都要结婚、生子，结婚、生子都需要钱，谈恋爱也需要钱。

女人都喜欢浪漫，喜欢吃烛光晚餐，喜欢送束花。如果没有钱只能在路灯下啃汉堡包，只能在路边采些野花，有钱的生活一定比没钱更美好，中国有句话是"钱不是万能的，但没有钱是万万不能的"。钱是特别好的东西，钱能养人。如果在通常的情况下，两个条件同等的男人，一个女人嫁给有钱的男人比嫁给没钱的男人是更明智的选择。钱可以延缓衰老，有钱的人比没钱的人心态平和，有钱的人觉得心里踏实，没钱的时候就会急。挣钱的过程是很艰辛的，天上不会掉馅饼。钱是应对谈恋爱、结婚的需要。

上次我看电视中的一个节目，采访一对演员夫妇，非常有意思。那个男的是演员，他在谈恋爱的时候，有一天女朋友打电话让他过去说她出事了，在电话中哇哇大哭，他赶到女朋友那里。他兜里只有90元钱，打车花了10元钱，平时他总是骑自行车，但那天着急所以打车赶去女朋友的地方。女朋友说书包被偷了，钱包也丢了，钱和身份证等东西都丢了。他不停安慰女朋友，直到把女朋友哄好。女朋友说心情太差了，打算去餐厅吃一顿，男的说一听脑袋就"嗡"的一下，钱是人的胆，财大气粗说得非常正确。然后去餐厅，男的基本没有心情吃饭，女朋友在高高兴兴吃饭，男的在等最后一刻的结账，到最后看到服务员拿账单向他走过来，心一下提到嗓子眼，男人有时候很虚荣，女的当着别人要给男人留面子，男人的自尊心是很脆弱的。服务员念的时候他的脑子是一片空白，当服务员说"先生，70元"的时候，他说"我感觉已经要丢掉的男人自尊又回到了自己身上"，他掏出身上仅有的70元钱给了服务员，说"给你"。结婚没钱，媳妇娶不成，现在的女孩说"没房没车我不嫁你"，这样的婚姻有问题，男人靠自己在35岁之前很难做到有房有车。有一个节目是夫妻和男女朋友之间互诉衷肠，一个女孩说："亲爱的，我们在一起这么长时间了，我挺爱你的，我们结婚吧。"男孩说："我确实很爱你，但现在我们还是应当以事业为重，等事业有了基础再结婚。"我当时想男孩肯定兜里钱不够。女孩说："咱们都谈了八年恋爱了，你怎么还不娶我？"这是很多年轻人面临的一个困惑，你爱一个女人应当给她一个家，女人也需要一个家，但很多人做不到这点，因为他年轻时吃干花净做月光族，不给自己存钱，要结婚还需要向父母要钱，这是不对的。

  我们算一下在北京娶一个媳妇要花多少钱？如果不买房，只租一室一厅四十平方米的房子，一年需要两万元钱的房租，结婚戒指带一颗小钻石的一万元钱，一万元钱的家具，一万元钱的电器，带女朋友在国内旅行一万元钱，这样的话没有八万元钱是不行的。结婚之前因为爱就搬到一起不对，你要给女朋友最基本的保障，我见过没钱娶媳妇的人。理财是一种新的生活方式，要做到未雨绸缪。月光族是吃光喝光、得过且过，这是不对的。如果你想结婚但没有钱怎么办？现在中国普遍的做法是向父母伸开双手。一个30岁的男人向父母伸手的时候，应当是手里放着钱给你妈妈，而不是从你父母处拿钱。在一个生活访谈节目中，一个男孩一个女孩结婚时买房，是双方父母给的首付，现在在和父亲商量月供如何分摊，这儿子和白养的一样。孝顺父母是每个人应当做的，父母的恩情是多少钱都还不了的。啃老族是年轻人的耻辱，啃老说明你道德品质有问题。过分向父母要钱的朋友是交不定的，一个人不能孝顺父母，不可能对朋友好。

第二，结婚要花钱、恋爱要花钱，生孩子要花钱。

许多年轻人结婚不敢生孩子的原因是兜里没有足够的钱，准爸爸要学会多出去挣钱，也要学会把自己家中的钱管好。在生子过程中你会面临这样一个现象，如果双方都是靠工资收入，休产假期间工资会减少，因为很多单位是基本工资加上效益工资，在休产假时会只发基本工资，这些基本工资可能是效益工资的几分之一，所以收入会在一段时间内减少，而支出在增加，生个孩子花费几千元钱是非常容易的。很多年轻的妈妈为了保持苗条的身材，不坚持母乳喂养，如果孩子喝奶粉，每个月都喝全进口的奶粉要花800元钱，喝国产、合资的可能需要四五百元钱。现在父母生活累、工作紧张，不愿意洗尿布，就买尿不湿，每个月也需要200元钱。孩子生病一般父母是不可能报销的。因为有了孩子，每个月可能要增加2000元的支出，很多家庭是不能负担的。收入在减少，支出在增加。

前些天一个小伙子咨询，他说他有7万元钱，他的老婆正在怀孕，他的月工资1600元，妻子原来月收入3000元，现在不上班了不再挣这么多钱，他问7万元钱中多少钱可以用于买基金或者买股票，我说一分钱都不要买，儿子生下来之后没有钱花比不买基金股票难受多了。每月1000千元幼园费是很正常的，小学每年要一两万元的学费，父母都愿意为孩子舍掉自己的东西，如果要让孩子上好学校，就要攒钱。要去理财，为孩子上学做很好的储蓄。养孩子是要花钱的，且花的钱是无底洞。

第三，要提高生活水平。

每个人都想提高生活水平，首先手中要有存钱。没有钱买不了房子，当然，不是每个人都必须有自购房，租的房子一样可以结婚。因为虚荣心和攀比，很多人变成房奴和车奴。因此我的观点是35岁之前不要买房，我认识一个有钱的朋友，每年能挣两千多万元钱，但35岁之前他是租房住的，他要发展自己的事业，到35岁他才花100万元给自己买了房子。也许我的想法有些偏激。现在大部分房奴、车奴是年轻人，现在的年轻人一发了工资就向银行还钱，银行是绞索架，如果不还钱就勒死你。现在很多人为了贷款要奔波20年，以后的未来是不可预期的。有些人说国内贷款国外也贷款，为何我不提倡在中国贷款买房买车，很多人讲中国老太太和美国老太太的故事，中国老太太攒了一辈子钱，还没有住上房子就死了，美国老太太住了一辈子新房子。中国的社会体制和保障与美国是不一样的，中国经济现在是在快速增长过程中，存在很多变数与不确定的因素，对未来是不能预期的。中国现在对未来不能合理预期，比如25岁进入一家银行，在美国未来20年好好做，以后的社会保险、养老保险等是可以看得见的，但在中国看得见吗？在中国如果40岁时还没有当上主任，那么基本上是可以回家洗洗睡了。既然没有保障那么就应当多存钱，中国的社会保障体制和美国相比是弱的，退休时的几百元钱不能满足你的生活需要，所以年轻时一定要学会攒钱去投资。在未老的时候要存钱，理财就是未雨绸缪。

第四，为了防止意外风险。

天有不测风云，谁也不知道会出什么事，所以要给自己买保险，保险是理财的重要手段，但不是全部。一个月我有时需要坐十次飞机，每次飞机起飞和降落的时候我都会双手合十，我并不是信什么东西，我只是觉得自己的生命又重新被自己掌握了，因为在天上不知道会发生什么，别说我们是草民，就算你是总理或总统，飞机该失事还是会失事。有一次我从武汉回来，飞机连续十多次大幅度下降，飞机里的人吓得没有一点声音，并不像电视中演的女人们大声尖叫。我把手上戴的珠子拿下来念：别摔死呀，我旁边坐着一个英国旅游团的老太太，她问我是否害怕，我说当然害怕，我心里说：你岁数那么大了，我还没活够呢。其实理财没有什么道理，理财就是你生活中的点点滴滴。是为了实现你的生活目标，娶妻生子养家带父母外出旅游。理财是生活中的一部分，而不是生活之外的知识。

现在很多人都有车，有强制第三者保险，这是非常重要的。谁敢说自己开车不出事？所以不要酒后开车，酒后开车出事，保险公司是不赔的。一个人酒后开车是对家庭不负责任，撞死一个人就把家里所有的积蓄都赔光了，有的人说喝得越高开得越稳，这是胡说。一定不要酒后开车，这是保护自己保护家庭，因为撞人后你要负担全部的医药费或丧葬费。即使你不是酒后开车，也有可能发生撞车撞人的事情，谁能说自己开车不会撞。撞了车也就罢了，当然如果你的夏利车撞到别人的奔驰车，那么算你倒霉了，你的一辆车还没有人一个保险杠值钱呢。如果你撞了人，你可就完蛋了。有一次我妈妈被一辆车轧到脚，坐到地上胳膊断了，我对司机说：今天算你走运，如果我妈骨盆裂了，你这一辈子都和我离不开。保险公司是在交通队定损失后才会向你支付赔款，在此之前医药费、伙食费都由你支付。如果水库里没有水，你就完蛋了。我说的不是危言耸听，有可能你撞了人就把全家都给人家了。保险公司是后赔钱，如果买了保险，保险公司的钱是补偿性的，你不会造成太大损失。如果没有保险，那么钱全部由你自己出。我一个朋友撞了人，两年还没有结案，虽然他是律师，有很多钱，但很烦心，因为他天天得去看被撞的人。天有不测风云，车祸、意外、工伤都有可能发生，所以你应当给自己买保险。

第五，理财有助于家庭和谐。

贫贱夫妻百事哀，很多夫妻之间的矛盾都是因为钱，具有同样感情、爱情的情况下，有钱比没钱一定过得好。老婆喜欢买东西做美容，你满足她，回家她少很多怨气。女人喜欢倒腾，头发弯了，过段时间又拉直了，应该理解你太太，这是女人的天性。如果你没钱，在你财务可以允许的范围内，要满足老婆的这些生活习惯。我们家我老婆有家训：挣钱就是为了给老婆孩子花。有钱能让夫妻关系更好一些。

我一个哈尔滨的朋友说他老婆长年和父母住在一起，我说那还不出问题吗？他说相处得非常和谐。他说："我给我老婆一些钱让她给我妈买东西，给我妈妈一些钱让她给我老婆买东西，给我老婆钱让她给我姐姐买东西，给我姐姐钱让她给我老婆买东西，其乐融融像亲姐妹一样，很多人说我是拿钱买感情，我说这是拿钱买和平。"老婆和婆婆很难相处，媳妇永远不会把你妈当成亲妈，就像你不会把岳母当成亲娘一样，女婿是客，绝不会有手足连心的父女之情，钱能换来和平和增进感情。钱是婚姻的润滑剂。孝顺父母、带父母旅行都需要有钱。

轻易不要离婚，离婚是最大的破财。所谓结婚是把两个人的水库灌成一个水库。一个男人特别有钱的时候，不容易知道女人是为了钱还是为了你，你穷的时候娶的老婆绝对是因为你。结婚之后创造的财富归新水库管，俄罗斯首富离婚时110亿的财产分给老婆60亿。如果你有了第三者，离婚时要给老婆一定补偿。我有个朋友离婚时把所有财产都给老婆，自己从零开始。我说他还像个男人，本来是他不对在外面有第三者，再和老婆争财产说不过去。再婚基本上没有什么好婚姻，曾经有个节目，调查了三十对已婚男女，一对幸福一对凑合两对过的一般六对离婚了。生活中很琐碎，很多离婚的人都觉得现在找的还不如第一个呢。我总是说"结婚十年了，跟谁过都差不多"。爱情只有18个月，很多人问我："你现在还爱老婆吗？"我说，"我爱老婆，但早没有爱情了。"我对老婆说："你就是我的妈妈，你就是我的妹妹，你就是我的亲人。"因为我们有孩子，结婚十年，爱情变成亲情，亲情是比较牢固和长久的，爱情是稍纵即逝的，陌生男女易产生爱情，熟人怎么会有爱情呢？爱情和婚姻之间是没有因果关系的，爱情讲究两情相悦，婚姻讲究门当户对，价值观和人生观相同是婚姻的基础，一见钟情基本上都没有好结果，谈恋爱的时候都没有问题，但结婚要慎重，娶错老婆是一辈子最大的债。嫁错了人，是女人一生不幸的开始，"男怕入错行，女怕嫁错郎"，古人的话大都是从实践中总结出来的真理。不要因为喜欢一个人就结婚，要娶一个女人先要看看她妈妈，她父母把她养大，她父母身上的品行和生活烙印一定会烙在女儿身上。婚姻是一种责任，谈恋爱是两个人的事，婚姻是两个家庭的事，不要娶错老婆嫁错郎。中国古老的结婚仪式是一拜天地、二拜高堂、夫妻对拜，拜天地是表示夫妻对社会的承诺，结婚是一种责任，拜高堂是对家庭的一种承诺，夫妻对拜是对夫妻双方的承诺，婚姻是一种契约，是一种财产契约，每人50%的股份。在外国教堂里举行仪式时会念一段文字，问男女双方是否愿意，这是一种要约和承诺。双方互换戒指，相当于签字盖章，结婚戒指是一种证明。然后主持人会说"现在你可以亲吻你的新娘了"，双方接吻是互换合同文本。如果有钱人娶没钱人，会签协议，比如离婚时只分给妻子五百万元，现在很多人这样做，这是风险防范，人心是最难测的，人心叵测。理财从结婚时就非常重要，我反对夫妻AA制，夫妻AA制不利于理财。

第六，为了养老。

这是每个人都可能面对的问题，要活得有尊严，需要有钱。现在大多数是421家庭，四个老人两个年轻夫妇一个孩子，父母不愿意给孩子添麻烦，老了没有钱和儿子媳妇住在一起，要看别人脸色，没有钱很难有尊严。要想过有尊严的晚年，需要年轻时攒钱。当你60岁的时候，你水库里的钱应当能够用20年。从你开始谈恋爱到结婚到养老，一辈子都需要理财都需要钱，没有人不爱钱。

怎么去理财？理财要做的第一点是要让水库里有水，花出去的钱是流出去的水。

第一，从攒钱开始。

一定要学会量入为出，但是很少人能做到，挣一个花两个一辈子都是穷人，到老了都没有钱花。有一个富翁，别人问他为何有钱，他说每天早晨往篮子里放十个鸡蛋，每天晚上只吃掉九个，时间一长篮子会溢满，这就是理财基本的道理。一个月强制拿出10%的钱存在银行里，很多人说做不到。那么如果公司经营特别差，收入情况不好，老总要削减开支，给你两个选择，第一是把你开除，补偿两个月工资，第二是把你1000元的工资降到900元，你能接受哪个方案？99%的人都能接受第二个方案。那么你给自己做个强制储蓄，发下钱后直接将10%的钱存入银行，不迈出这一步，你就永远没有钱花。99%的人都能做到。

第二，生小钱。

你吃饭用1000元钱，改成一个月吃饭用900元钱，还能吃到原来的饭菜吗？能，因为每个月至少有100元钱的饭菜是被浪费掉的。少打一次车、少吃一顿饭，把节省的每一元钱放入存钱罐。赚一分钱要比省一分钱难多了，每年抖一下箱子底，不用的东西拿去卖，攒小钱就能生大钱，否则再有钱一辈子也会变成穷人。打拳的泰森从20岁开始打拳，到40岁时挣了将近4亿美元，但他花钱无度，别墅有108个房间，有18辆跑车，养老虎当宠物，经常光顾赌场，经常住在带游泳池的房间，每晚房费15000元，给服务员的小费是2000元起。有钱人会有很多朋友，有一次泰森去商场买东西，来了一大堆朋友，有些泰森都叫不上名字，结果那次刷卡花了50万元。到2004年底，泰森的总资产只有1800万美元，但他欠了2800万美元，欠国家税务局1000万美元，结果泰森只能到妓院当保镖、演色情片。一个人这么有钱，因为花钱无度，到后来还是没有钱花。中国有句话是"富不过三代"，有金山银山都能被吃光花光。现在越是年轻人越敢刷卡，要减少负债，负债现在成为一种社会现象，贷款买车、买房、信用卡，35岁以下的年轻人很多变成车奴、房奴、卡奴，一个人贷款买房，每年月供不应超过收入的30%，这与银行说的50%是不一样的，到50%时你就会相当难受了，贷款买房在30万元以内还可以理解，它可能给自己一个家，但不能超过自己的能力。车是不必要的工具，车是男人面子的东西，是买后就贬值就花钱的东西，10万元的车开到年底卖5万元钱就不易了。现在油价长那么高，开车是在呼呼烧钱。贷款买房是可以的，先买房是可以理解的，车不是必需品，不要贷款去买车。真正有钱的人坐一辆宝马车会坐十年、二十年。量入为出，如果只有5万元钱，4万元钱用于给女朋友买戒指，虽然表达了爱，但以后怎么办？只能睡在地上，要慎重买房、买车。

最好不用信用卡，信用卡是银行鸦片，信用卡是高利贷，是冲动消费的罪魁祸首。很多人消费是源于冲动，不要受各种美容的诱惑，这种广告和宣传，对已经慢慢衰老的女人具有诱惑力。有次在超市，一位大姐买几根葱也刷卡，她中毒太深了。为什么要让别人逼着你花钱？刷卡买年费，最后得利者是银行。银行内部的人也认为最好不用信用卡，只是对外不这么说。偶尔用信用卡是可以的，但一张信用卡就够了，现在很多年轻人有很多卡，买东西时最好用现金，很多人月底收到账单时还奇怪怎么会花掉那么多钱？理财是从点滴开始的，所以你总老认为自己没钱，将钱攒下来买股票买基金（不是说现在），怎么会没钱呢？

> 钱可以给你带来内心的祥和和平静，这是别的东西带不来的，爱情会转眼即逝，钱财会跟随你一生，一定要善待钱财。

将所有的钱都放入银行是不对的，你是律师或者医师，每年挣几百万元钱那么可以将所有的钱都存入银行，工薪阶层将钱都放入银行是不正确的。往股市里跑往基金跑，方向是对的，但现在跑得太急了。应当学会做投资，让钱生钱，要量入为出是对的，还要学会打一口井，井内的水才会流入你家的水库填补空缺，让你以后有钱花。财务自由是在一定的生活水平之下不再为钱发愁，钱可以给你带来内心的祥和和平静，这是别的东西带不来的，爱情会转眼即逝，钱财会跟随你一生，一定要善待钱财。但不要将全部钱财用来投资，一定要用闲钱做投资。什么是闲钱？把你的钱分成三份，一份是应急的钱，是六个月到一年的生活费，应付你突然失业、生病或突然有什么危机，放在银行里做活期储蓄或做短期的国债，不求收益但求流动性，随时可以拿出来。银行有的是保底的，但三五个月不能动，那不行。我们追求的是流动性，随时能把这些钱拿出来用。第二是留保命的钱，保命的钱是三到五年的生活费，到养老退休时应当在保命的钱里放20年的钱，做银行的定期存款、买国债、特别好的企业债、商业保险，如果想要安稳投资买国债是可以的，不一定非买保险，养老保险是保障，而不是储蓄，能比它挣钱的方式多了。意外保险应当是人人买的，因为天有不测风云。第三，是家里5-10年都不用的闲钱，才能去买房地产、股票、基金，以前我说做股票应当拿10年不用的钱，10年不用的钱才能买股票，我们称之为风险类资产，有可能给你带来非常好的收益也有可能让你亏损。你的钱虽然利息不多，但放在银行只会多不会少，这是永久财务账户。股票可能从10万元变成20万元也可能变成3万元，你们现在都要炒股，我拦不住你，你要对你自己的行为负责，但如果非要投的话，要拿一部分闲钱去投，因为现在太危险了。买股票之前一个人要问自己三句话：我有房子和保险吗？我的钱急等着用吗？我有没有坚强的神经和良好的心态能抗拒市场的波动呢？有的人有钱也不适合炒股票，因为心态不好。有钱的人心态好，但有些人的心态是天生的，有些人容易紧张、沉不住气。我们公司老板招聘时请新员工吃饭，晚上就留新员工打牌，三个老员工陪一个新员工，老板不打，在旁边看着，四圈下来基本可以看清楚新员工是什么样的人。有些人品德不好，赖账，到最后一把时不给钱。有些人胆小谨慎，一路小赢走向胜利。有些人做大牌，特别镇定，根本看不出来他做什么大牌。有的人偶尔要胡大牌，还没胡就能看出来，平时不抽烟这时要烟抽，手脚就哆嗦，这种人干不了大事，但这种人好不会出大事，比如做个财务，谨慎呀。把胡特别大还特别镇定的人的弄去当财务，把钱弄走你都不知道。如果没有良好心态去面对，那么不要去炒股，不要以为别人都炒你也炒，对人是很大的刺激，结果你一进去的时候，高峰已经过去了。为什么现在这么多人开户？是因为受不了诱惑，人是很难不被别人诱惑的。做投资应当做长期的，一般老百姓不适合买股票，应当多选基金，买股票型基金，债券型基金不要考虑。要想做投资一定要买股票型基金，要分着买，三支股票的基金，属于三家不同的公司，分散风险的目的是不能押宝，一个人最多买五支基金，从未来业绩中找好的，尽量少买新基金，买过去和现在业绩比较好的，要看五年的业绩。历史很重要，要买老基金，不要买新基金，新基金没有历史可以考查，历史说明一部分未来。新基民都爱买一元钱不买四元钱的基金不一定是对的，四元钱可能变成十元钱呢，对任何投资都用一个概念去衡量就是收益率。一定不能买很低价的股票，低价股一般没有什么好东西，买股票是买价值。不动产可以买，房地产现在很火，需要住房的人很多，市场需求很大，北京的房价要落下来特别难，要有很多的钱才能投资不动产。买基金应当做长期打算，基金是让别人替你去投资，买股票是心跳，但这些东西不能绝对，因为有的人不但要享受结果还要享受过程，这些渠道是一些基本原则，理财要做到未雨绸缪，要让家庭资产在保值的基础上实现稳步增值，与一夜暴富无关。理财不是为了发财，你应当用什么样的钱做什么样的投资是第二步，第一步是要攒钱，第二步是生钱，第三步是护钱。要在你家的水库建个堤坝，给财务的缺口补上充足的水源，让你家的水库不至于决堤。理财就是修水库、打水井、筑堤坝。离婚就是分水库，财产传承是把水库给你儿子。应当合理纳税。理财就是一个中心三个基本点：以管钱为中心，以攒钱为起点，以生钱为重点，以护钱为保障。我们都要讲得特别通俗，听完理财，和你家生活当中的事是一样的。

最后，讲一下理财的误区。

第一，"理财是有钱人的事"是误区。

穷人、有钱人都能理财，养成良好的习惯，去投资，让钱自己去办些事。

第二，"我钱少，理财没什么效果"是误区。

一个月省下100元钱一般都能做到，用100元钱买基金，10%的收益，每个月都花100元钱买基金，到退休时会有63万元钱。如果从30岁开始，到60岁时会有22万元，从40岁开始到60岁开始会有75000元钱，从50岁时开始会有2万多元钱。钱在增长，时间越长利息也在增长。最本质的是投资，节约钱去投资，不要乱花钱。应当用钱去投资。

第三，"我不懂理财"是误区。

不懂可以学，理财并不难。

第四，"我没有空理财"是误区。

为何你逛街有空，没空学理财？我上次看了一个报道，说毛主席的工作人员搜出一张纸，写着毛主席一个月的开销，连毛主席都记账。记账是理财的起点，每天花十分钟记账是非常容易的。

第五，"理财就是一夜暴富"是误区。

理财和发财没有关系。

第六，"理财就是买基金买股票"是误区。

第七，"理财就是随大流"是误区。

别人买基金我也买基金是错的，人家的钱闲着，你家的钱需要给孩子上学，各家的钱的用途、性质是不同的。

第八，"男人和女人理财不一样"是误区。

理财是人人一样的，男人和女人理财是一样的。女人更容易冲动,女人在理财方面尽量克制一些冲动消费就可以了,如果完全不冲动,就不再可爱了。男人"分析",女人"感觉",尽量克制一些消费,去做一下投资就好了。

理财是为了家庭生活幸福,家庭是社会的细胞,如果家庭都幸福了,对构建和谐社会有一定帮助。

最后祝各位生活美满、幸福。

张瑛

中央电视台《理财教室》栏目主讲嘉宾,著名保险规划师,中国人民大学中国财政金融政策研究中心研究员,国家劳动保障部理财规划师认证培训保险规划篇主讲人,CFP(理财规划师)项目高级讲师,15年来一直从事银行、证券、保险公司培训工作。

家庭理财之保险规划需求导航

◆ 张瑛

今天和大家谈谈在家庭理财中保险规则处于什么样的地位、充当什么样的角色。

给听众讲保险这个行业,我压力很大。前不久我到广州讲课,回到北京之后我收到广州学生发来的电子邮件,开篇写道"感谢张老师,为了这个颇受国人非议的行业,做了很多工作",其他内容我记不清楚了,但我非常清楚地记得保险行业的定语是"颇受国人非议"。

保险这个话题是我们不能回避的,暂时放下心中曾存有的想法,我们一起探讨这个话题。

  张瑛:平时在生活中有保险代理人找过您吗?
  听众:有。
  张瑛:在和保险代理人接触的过程中您的感受是什么?
  听众:反感。

(现场对话)

本来我准备了两个答案,答案A是我等保险等了很长时间了、终于来了,答案B是我烦得不行了、我签约后你答应我再也不来了。刚才这位大姐的答案既不属于A也不属于B，她是烦死也不签保险，我们听到了民间真实的声音。

我们先看看中国保险的发展史，我们可能更容易找到答案。1946年的时候中国有多少家保险公司和代理机构？500家？少了。1000家？多了。800家？接近了。在1946年时我们有这么多家的保险公司和代理机构，但在1949年新中国成立后我们对保险的理解发生了变化，政治、思想领域内的意识让保险的发展遇到一些问题。1949年中国第一家保险公司"中国人民保险公司"成立了，是现在中国人民保险公司和中国人寿保险公司的前身，但开展没多久就没有太多生命了，我们在当时定位社会主义、共产主义，发现社会主义国家就是好，就是什么事都能包得住揽得住，于是就对保险的作用产生了质疑，中国人民保险公司成为了中国人民银行下属的一个部门。当我们认为中国人民不需要保险的时候，外国人认为不行，东西从遥远的外国运到中国不踏实，需要保险。

这些历史原因，导致我们和保险之间越来越疏离，相互之间渐行渐远，导致今天和保险之间有层层叠叠的障碍。

我们有两条线可以去追踪和考量。从1978年开始到现在，从公费医疗改为大病统筹，退休制度改成退休统筹，当这些事情顺次发生时，我们处于什么状态应该如何去做？没有人找我们谈过。原来只要家里一个人是公家的，全家看病都不愁，但现在不行了。当所有事情顺次发生了，直接影响的是我们内心深处最本质的需求即对安全性的需求。安全性的需求是最基础的需求，当这些事情渐次发生的时候，我们仰天长啸，看未来时多了很多忐忑不安。

另外一条线路是随着人们的生活水平提高，今天理财话题越来越热。

当中国的国民生产总值成为一种标志的时候，这两条线在向前推进的过程中能否做一个有效的交叉和结合，我们让这两条主线进行交叉、相互融合，利用我们的闲钱去创造财富，让我们减少对未来不安定的心理状态。

我再次想到保险，保险是国家宏观计划经济向市场经济过渡的一种措施，是转嫁财政负担的一种工具，解决的是国家承受的财政负担。

湖南凤凰桥倒塌，我给湖南的朋友打电话，当时我的朋友说"这是个重大的事故，保险公司赔了三百多万元"。往年有一次空难，那次事故一共死了53个人，52个人在飞机上，一个人是在公园里遛弯的，在飞机上的人其中有25人购买了中国人寿保险公司的意外保险，保险公司赔偿了一千多万元钱，这一千多万元对当地政府、对25个死难者的家属意味着什么？让死难者的家属在失去亲人的重创下不再有重大的经济压力。有一个乘客没有买过任何保险，他刷卡买机票，只要刷卡就附带了保险，当他发生意外后赔付了200万元。保险在帮助受难者的家属抚平心灵的伤痛，在帮助政府解决一些问题。

我们购买保险，是在市场经济下进行自救的行为，是我们拿出手中一小部分财产进行理财，为自己未来的人生做一种规划，让自己内心深处对未来的不确定降到最低。是谁在让你买保险？肯定不是那个来找你的代理人，他不过是表象而已，只是冰山的一角，真正驱动人们了解保险的原动力是社会前进的力量。

"横看成岭侧成峰，远近高低各不同"，纵观世界各国保险业的发展历程，保险业具有重要的地位、起到重要的作用。为什么这么讲？保险的作用，第一是经济补偿，保险对整个国家的经济建设发挥了越来越重要的作用，在弥补损失方面起到了越来越重要的作用；第二是资金补充，2006年底的数字表明保险将投入大量的资金，以前国家对保险公司的监管非常严格，可以投资的项目非常少，现在保险可运用资金的渠道被不断放宽，保险资金像困兽一样的日子已经结束了，现在保险资金像潮水一样涌入到经济建设中来；第三是社会管理。我们知道资金流通，知道三峡、南水北调，知道北京到上海的高速公路，这其中都有大量保险资金。从社会管理、社会保障等方面的责任来看，国内的保险市场还不是很清楚这些，因为保险真正起步发展到现在不过几十年的时间。外国在汛期来临的时候，会在大街上进行宣传，对重点的企事业单位愿意拿出物力、人力、财力帮助他们做防灾防火的工作，主观上也许只是为了降低未来的赔付，但客观上提供了社会管理职能。

在去年的时候我在北京一次聚餐时认识了一位老先生，他非常儒雅，原来是浙江大学体育学院的教授，后来下海经商了，我认识他的时候他是中国女子射击俱乐部的总裁，唱歌跳舞做游戏，会费很贵，世界连锁。老先生说要找保险公司的高级管理人员，保险公司的高级管理人员和俱乐部能有什么瓜葛呢？老先生看看我解释说他前不久刚刚去德国调查回来，在德国考察射击女子俱乐部发现一个特别的现象，很多女士都不用花钱在俱乐部玩得很开心，因为不花钱所以很高兴，后来才知道这些不花钱的女同志都是某家保险公司的高保额客户。这其中蕴含着外国保险公司很先进的经营理念，从保险公司的角度来讲，这些高保额的客户每天有机会去免费唱歌跳舞，心情舒畅，就少生病，就会长寿，我就能长时间拿着保费。保险公司主观上可能只是为了降低赔付率、为了经营风险，但客观上起到了共建和谐社会的作用。以发展的眼光看未来，保险公司在经济补偿和社会管理方面会发挥越来越重大的作用。

北京大学中国社会保险中心的孙教授说，"保险还具有对未来不确定事物的安排"。它是对未来不确定性的一种抵销。欧洲没有一个经济发达国家不知道保险，经济的高速发达必然匹配着保险的高速发达。对中国来讲，这十年以来中国保险的发展令业内业外人士瞠目结舌，远远高于经济增长速度，但对比中国迅速向前的大潮，保险依然有着不相匹配的差距。保险在世界五百强中是什么概念？虽然世界五百强起伏不定、变幻莫测，但保险行业一直占据10%的席位。放下我们心中曾有的芥蒂、偏见和顾虑，从全世界来看，这个行业不得不让你去关注。中国人寿连续5年进入世界五百强，五年时间内从原来的290位上升到192位，这不能不说是中国保险业蓬勃发展的缩影。

保险深度和保险密度是保险的两个重要指标。在一年中保费的收入占据收入的百分比，中国是3%，世界平均水平是7.8%，我们还达不到世界平均水平。人均保费，中国是29美金，世界平均将近400美金。世界部分国家和地区的投保率，中国是6%，台湾是76%，日本是580%。这几年中国保险行业的发展叫井喷式发展，发展速度很快。

我不在乎您记住这些数字，但我在乎您的状态，我在大学读的是心理学而不是金融，我对人的身体语言还是有一些研究的。虽然大家是自觉自愿来的，但当我谈到保险的时候，有很多同志双手抱在胸前，整个人塌在椅子里，眼睛微眯，有的人会想"这是什么行业呀，霸王条款那么多，你爱讲什么就讲什么吧"。也有的人把最舒服的姿势变为慢慢前倾，双手慢慢变成搭在椅子边上，眼睛由微眯变为睁大。我关注的是你们的状态，您可以继续是前者的状态，中国的保险行业还会继续发展，但我更感谢后者，因为您前倾的姿势、因为您大睁的双眼、因为您的关注，这个行业可能变得更成熟。我们以平静的心态来看看这个行业对我们的生活会有什么样的帮助。

在一段"新闻联播"的新闻中，50多年来第一次从国务院的高度对保险业的发展指明了方向，并对过去的发展给予大量的肯定和高度评价。从新闻可以知道如下信息：

第一，保险已经成为中国金融体系中的重要组成部分，已经形成了银行、证券、保险三足鼎立的金融格局；第二，保险是社会保障体系的重要组成部分，在社保诸多不让人满意的背景下，商业保险就变成社会保障体系的重要组成部分，在未来必然会发生越来越重要的作用。

看一下我们的生活，我们保险方面的需求有哪些方面？当我们有了懵懂的保险意识之后，保险需求如何满足呢？如果需要，我们如何买保险呢？我曾经录制过一期节目是"我们应该花多少钱买保险"，观众反响非常强烈，大家都觉得买保险是对的，但不知道花多少钱、如何去买，今天和大家谈谈购买保险时的基本原则和基本注意事项。

首先，我们有保险方面的需求吗？

1970年代，人们的生活好一些了，自行车、手表、缝纫机成为娶媳妇必备的三大件。1978年中国发生了一件大事情即改革开放，我们的生活发生了彻底改变。1980年代已经有了万元户，那时流传一句话是"此处不留爷，自有留爷处，处处不留爷，去当万元户"，这些人成为了中国第一批富起来的人。现在讲究"五子登科"，即票子、房子、车子、妻子、儿子，一路登上幸福的康庄大道。

风险保障很重要，最早提出这个话题的是泰康人寿保险公司的老总陈东升，他提出新生活三大件：买车、买房、买保险。保险对我们的生活是重要的。我们吃得好穿得好钱多了，但是我们却发现一个问题：在今天您出门看到大街上时髦的俊男美女的时候，他们的眼睛却并不比以前的人的眼睛干净，笑容不比以前的

> 因为我们心里装的东西越来越多了。我们不清楚明天会发生什么，人生把握不住变幻莫测的明天，我们往往把目光聚焦在明天的烦恼上。

人天真绚烂纯美，因为我们心里装的东西越来越多了。我们不清楚明天会发生什么，人生把握不住变幻莫测的明天，我们往往把目光聚焦在明天的烦恼上。

第一个烦恼是健康。

看看我们的生命为什么脆弱：环境污染、不当的生活习惯、不良的饮食卫生饮食习惯、长期缺乏运动、工作紧张。孩子喝的奶粉，也出现问题。在质疑食品卫生安全的时候，我们更觉得步履蹒跚心情沉重。工作中更是步步紧逼。我们有一次小学同学聚会，非常兴奋，因为变化很大互相猜测着，其中有一个人进来所有人都猜不到他是谁，

这个人变成了"中央部长"，气宇轩昂、大腹便便，他自己自我介绍说是我们班的班长，他原来是我们班最帅的但现在形象是最惨的，现在他在深圳已经有超过千万的资产。我们要买车要供房要消费要打败竞争对手，于是要熬夜要加班要陪客户吃饭要陪领导应酬，回首我们曾经走过的岁月，你有没有吃过不想吃的饭、加过不想加的班、熬不想熬的夜、陪过不想陪的人？我们这样透支，是用身体换金钱，所以常常会后悔。举个生活中常见的例子，你从这个房间到那个房间去拿东西，一进门就想不起来去拿什么，从楼上跑到楼下，就困惑出门前是否关窗关门关水龙头，从这个办公室到领导的办公室说事，当领导让你进去的时候忽然忘记要和领导说什么，如果这些现象在您的生活中都曾经出现过的话，我们就是处于亚健康状态。前两天我讲课，主办方和我很熟，我临上讲台之前，他终于忍不住把我拉住，说有钱也不能戴两块手表上台，因为我习惯戴一块手表一个镯子，但那天因为着急戴了我的手表和我先生的手表。身体向我们发出信号告诉我们太累应当休息了，但可怕的是这一天永远无法到来，亚健康状态在中国已经非常普遍，"过早老"以前属于日本和韩国的专利，但现在在中国已经不再陌生。在发达城市66%的人多梦失眠不易入睡，62%的人经常腰酸背痛，57%的人记忆力衰退。全世界每十秒钟有一个人死于肺结核，全球1/4的人会得忧郁症，平均每分钟有2.5人死于癌症，我国胃癌死亡率居世界第一。人的一生中患重大疾病的可能性高达72.18%。

大家对数字可能没有太大感触。去年我到南昌，有1000个听众在等我，我上飞机后就睡着了，可是广播说飞机将降落在长沙机场，我很着急，南昌花费了很大力气找到一个昂贵的会场、邀请到1000个人。我睁眼一看，飞机上的所有人都非常焦躁。

当人一生中患重大疾病时，很多人因为没有钱无法治疗，是多么可惜。疾病不分男女老少贫富贵贱，接下来我们面临的就是费用问题，住院费增长超过收入的增长。我们为什么要把所有的问题都自己扛？为什么不考虑把风险分担给别人一点点？当你扛起60%的时候，意味着很多人放弃了治疗的机会和希望。现在药店如雨后春笋般兴起，因为有过半的老百姓要自己花钱买药。疾病不是意外而是成本，关键是成本应当由谁来担？医疗费用每年上涨19%，收入也能上涨19%吗？准确地讲，今天的大病在明天可能就不是大病，今天不能治疗明天可能就能治疗。2006年全世界医学发明排第一位的是美国的一个疫苗，给15岁的女孩子注射疫苗，一辈子都不会患宫颈癌。用发展的眼光去看问题，今天的癌症也许明天就能治疗了。在一个学术杂志上，登了一个案例，给小白鼠做截肢，打了疫苗后，然后看着它，四肢就慢慢长起来了。一旦疫苗从动物的身上运用到人的身上，交通事故容易导致两个人的腿没有了，现在要么截肢要么做假肢，而到以后打上疫苗，就可以看到腿慢慢长出来。人们展望未来会充满信心。重大疾病不是绝症，没有钱才是真正的绝症。

第二个烦恼是父母的烦恼。

跨过升学门槛是孩子的骄傲。从这个小家伙出生，我们要负责他的教育费生活费，总是要花钱，孩子的教育需要什么？大学生的入学率越来越高，大学生的花费也越来越高，毕业后要结婚，还需要花费。从孩子出生，一些费用就会接踵而至。保险还是储蓄？大家习惯的是储蓄，但风险是存在的。人内心深处的物欲是不断膨胀的，希望换房换车，这都需要花钱。孩子出生后每年存1万元钱，想等到孩子18岁时存到18万元，但你想换房换车，想到银行还有钱，会取出来用掉，存着方便取着也方便，不能做到专款专用。先生挣钱多，但收入下降或者出现意外不能挣钱了，如果是储蓄，银行里有钱可以随时取出来。

如果用保险储备教育基金会怎么样呢？可以支取，但你会发现你很吃亏，你去买教育型的保险，到第五年想取出来估计只能拿到百分之六七十的本金，而一直存到第十八年时利息并不比银行少。如果投保人发生问题或状况，比如第六年投保人出问题，从第六年以后到第18年的保险费不用交了，到第十八年仍能拿到相关的费用。从第五年开始到第18年开始的13年孩子可以到保险公司去领一定比例的生活费，谁能够确保在13年里孩子的成长历程中都能拿到钱？我们不了解保险而拒绝能起到很好作用的保险方式是不对的。教育型基金要准备，要一笔一笔去储备，资金安全是讲雷打不动的强制资金，参加保险以后，万一保险出了问题，我们还有能力去面对以后的生活。子女教育喜忧参半，我们不能跨过。

第三个烦恼是养老的烦恼。

现在得病的人多了，虽然很多人很早就病了，但由于医学的发展并不是长寿的人依然越来越多。医学发展造成这样的模式，得病的大多是慢性病，以前59岁得了脑血栓60岁就死了，现在59岁得了脑血栓虽然不能治好但69岁还活着。生病的时间越来越长，健康的时间越来越短。养老保障成了重要的问题，养老问题非常严峻，估计到2035年60岁以上的老人将占到4个亿。中国目前参加社保的人口不足劳动力人口的15%，以后给老人交纳保险的后辈越来越少了。20年后等我们目前这批人老了退休的时候，供养我们的人群数量骤减，孩子要加倍交费，如果不想降低他们的生活质量我们的生活质量就会下降。退休年数5年、10年、20年是什么意思呢？人从0岁出场亮相到10岁天天向上，20岁远大理想，30岁当不了科长就得谢了，40岁处处吃香，50岁发奋图强，60岁告老还乡，70岁打打麻将，80岁晒晒太阳，90十岁躺在床上，100岁时觉得活着真没劲。以最保守的算法，如果要想度过这20年，我们至少要准备30万，从我告老还乡到晒晒太阳，什么都不关心（婚丧嫁娶但凡关心都要付钱），门一关就吃饭，五元钱一个盒饭，20年后我们退休，需要20万元吃饭的钱，20年老两口把钱花完了只有闭眼了。

有的人说"嫁汉嫁汉穿衣吃饭"，有的人就靠老公，但他突然离开,你会变成什么样?家庭结构图已经非常清晰,小孩抬头一看三层大山。小学时小女孩说"妈妈,长大以后我不嫁人,永远陪在你身边";初中时说"我要嫁人,但要和您住在一起";高中时说"不行,我结婚后要和对方住在一起,但我会常回来看看";工作时说"妈妈,您怎么不过来看我,我太忙了";嫁人后说"您没事就别来了,老堵车"。现在中年人对于未来越来越没有信心。老人长命百岁是不是福?要看今天你对未来做了什么打算和安排,现在我们收入比较稳定生活还比较好,到底能为未来做些什么?

第四个烦恼是意外的烦恼。

出门家人叮嘱要小心,朋友分手时也会嘱咐开车小心,平安是内心最大的祝愿。随时随地打开电视网络报纸都会看到意外的发生,我们把它当故事一样,但真正发生在我们身边时,可能是一生都无法弥补的伤痛和遗憾,损失最大的是家庭成员,走了的人一无所知,活着的人要面对生活的艰辛,我们赤条条而来,可以赤条条无牵无挂地去吗?我们有割舍不下的人,当我们出状况的时候,这个人因为我而无法维系生活。妻子痛哭孩子无助,我们尽到责任了吗?一旦有一天我们真的有状况,这些人的生活有寄托吗?很多人问我保险到底是什么,我可以把保险法中保险的概念一字不差背下来,但在生活中可以理解为保险无非就是人生中最幸福和最不幸的事情发生时,当我们走得太早的时候,我们的精神还存在,虽然我们不能再用双手抚弄孩子的头发,但我们的责任却在延续。意外可能会伤害我们一生,我们无法预料所有猝不及防的伤害,都需要用钱来解决。有的人说有个人储蓄,有一句话是"辛辛苦苦几十年,一病回到解放前"。有的人说借钱,但借钱是救急不救贫,在漫长的康复治疗中举债之苦,举家借债借得了一时借不了一世。有的人说有社会捐助,你每天都在给乞丐付钱吗?我们的生活也要继续,当我们出现状况的时候,身边的人一定会伸出援助之手吗?这些援助之手真的能帮我们渡过难关吗?

从全世界来看，重大疾病的保险诞生在1983年的南非，有个医生长年看到很多病人因为没有钱导致不能治疗，感到很痛苦，而他哥哥做了重大器官移植，换了器官后却因付不起未来的治疗费用而去世，于是他找到保险公司研发了重大疾病保险。重大疾病保险不是拿你的治疗单据报销，而是根据你得的病，在得病之初就给一个帮助，不是所有费用发生后才能拿到钱。我到郑州讲课的时候，一个大姐每年交两万元的重大疾病险，2006年她得了癌症，6天时间就拿到100万元的保险赔付，子宫切除手术的费用不到7万元钱，把饭店一盘卖了，带着100万元和盘饭店的钱去旅游去电视上讲课，告诉大家保险是有好处的。这个大姐乐观的精神打动了我，这个时代随着保险的发展，有越来越多的人在保险上受益。您不觉得这和理财有关系吗？

第五个烦恼是钱的烦恼。

我们的收入、钱越来越多了，钱放在哪里安全？很多人把钱放到银行里，虽然现在银行是负利率，还是有钱放在银行里。还有的人用钱做风险投资，买股票、基金，这是有代价的，虽然赚了点钱，但掉了多少肉呀。印花税从千分之一调整到千分之三，爸爸一回家孩子叫"爹"，

> 风险投资以情绪成本为代价，一定要非常清楚，知道在投资这个领域中，心理指标一定要健康。

爸爸很生气说"跌什么跌呀，都成什么样了还叫跌。以后进门就喊家长，加倍的长。"风险投资以情绪成本为代价，一定要非常清楚，知道在投资这个领域中，心理指标一定要健康。

养老费提前准备，规划基金具有保全能力，保险有很多方面的作用。中高端人士购买保险的理由和前面五条烦恼是不一样的，前面所讲的是普通大众买保险的情况，要解决孩子教育费、养老、出现意外，对特别有钱的人来讲这不重要，比如有上亿资产的人。保险法中有明确规定，保险吸引很多人的关注，不是关注它会增长多少，而是关注它的保全能力、关注自身安全。保险的特点被越来越多的人所认

可，也不再是新鲜的事了。

2002年时一些专家对全国50个城市做了保险需求的调查，做了科学分析，人的五大需求就是健康、子女教育、养老、意外和钱，这五个需求就是前面所讲的五个烦恼。遵循这个脉络，如果每个人对保险的需求无非是这五种，买保险一样吗？不一样，我们要看中国的保险市场与外国保险市场的不同之处，外国强调生命周期，在生命的不同周期买不同的保险；中国改革开放让中国变成特别的地方，有些人有钱没文化，暴发起来很有钱，保险的观念很淡，有购买能力但没有购买意识。很多学生认为需要购买保险但没有钱，这影响了中国保险市场的购买情况。不同年龄阶段对保险的需求也不同，三四十岁上有老下有小责任很大，很多地方都需要用钱，需要购买保额更高保费更便宜的。60岁的时候老的已经入土为安、小的已经长大成人，为了获得更多收益才购买保险。有个表通过研究的结果，把中国分成了20个市场，虽然都是这五个需求，但排序是不一样的。五个需求排序不同导致了什么？拿有限的钱买的时候就只能买排序在前面的，要用最合理的开支但不是最贵的，最贵的不一定是对的，选择最适合的产品，看是否适合你的需求，或者最全面的保障。最重要的是自身的保障。不同人的心理背景不同，有的人认为孩子的教育是第一位的，但有了自身的保障，才能保障子女。我每年都买一张120元钱意外卡，其中100元钱管6万元的伤残和身故、1万元钱门诊治疗等共计76000元钱，20元钱管乘坐飞机、火车、汽车发生的事故，所以我从来不买航空意外保险，我每个月大概离开北京3次，要坐6次飞机，我一年才花120元钱，还拥有门诊医疗等选项。意外卡不是最贵的，但保障很高，买保险不一定是买最贵的，要看我们的需求是什么。

保险需求如何满足？要想船乘风破浪，要投资要买基金买股票，当我们的船越跑越快可以领跑的时候，风险就会越大。我们就需要保障，包括人身和资产保障。到底买多少保额就够了？保额是保险公司给我们的钱，把工资增长的幅度和通货膨胀增长的幅度相抵销，保险是人类经济生命的延伸，10年按照两百万元保额去买。每年120元就保了将近十万元钱保额，并不是很贵。

很多人购买保险有误区，有了孩子后就给孩子买保险，这不对，要给自己买保险。忠告盲目的要给孩子买保险的客户，父母才是孩子最大的保障。保费以不超过家庭收入20%为原则。如果家庭年收入在7万元钱以下，建议当年保费支出不要超过收入的10%，不能因为要解决未来的问题把今天的幸福生活舍弃掉。现在有房有车，银行的存款可以达到30万钱的保户，建议你在每年的收入中可以拿出20%的钱购买保险，因为这样不会影响你的生活。像我同学那样千万资产，买保险是为了获得收益，可能就需要拿出30%的钱购买保险。已经有社保的人如何买保险？住院可以报销的，能报80%，买住院保险医疗只能拿到没有报销的20%，所以就不建议买这样的保险。建议买津贴，住院一天给100元钱，与住院单据无关。费用要低，要自己买附加险和没有社保的人买附加险不一样。很多人说自己买过保险，要看自己买的是什么，险种管的是什么，以为买了保险就没有事情是错误的。我有个同学是中国农业大学的副教授，他给我打电话说他住院一个月了但保险公司没有赔钱，我问他买的是什么产品得的是什么病，他说得了肺炎，他买的是重大疾病保险，这不符合保险规定的。就如同冰箱是负责冷冻东西的，要想让在外面的人凉快要开空调，虽然同是电器，但用途是不同的。不同的保险管不同的事，现在回家看看你的保单是干什么的，你买的保险也许根本不管你现在要解决的问题。你要看自己要解决什么问题，再决定要买什么保险。

满足优先需求的原则。我们最着急的是保障问题或者是孩子的教育问题，最着急的是什么就要先办什么。还有个人爱好，有的人喜欢一段时间的保险有的人喜欢一辈子的保险。我建议首先要买意外保险，很便宜，一年才120元钱。一般意义上来讲，去买健康的保障，然后再考虑投资理财，再买投资类型的产品，比如分红险。现在在中国比较兴的产品，各家公司在销售的既能够治病又有能赚钱功能的保险，有病的可以去治病，没有这些费用，可以去赚钱。

您找到您的保险需求了吗？有没有想现在您最需要的是什么？今天我们一起来讨论保险这个话题，这些都是一直存在的，但您们可能从来没想过，不知我的讲座对您沉睡的需求是否有帮助。

万家灯火长明是我们期盼的，期盼各位健康平安、阖家欢乐、事业昌盛。

郑润祥

中国黄金协会黄金投资分析师资格评审专家委员会秘书长,北京师范大学金融研究中心研究员,厦门大学兼职教授,国家外汇管理局《中国外汇管理》杂志副主编。

家庭理财之如何投资黄金

◆ 郑润祥

我来做这个演讲之前,在北京听到各地黄金市场非常火热,而且在我住的楼下就有一个卖黄金的地方,经常有人在那儿排队买金条。以前咱们老百姓一般都买金饰品,现在为何买金条的人多了?金饰品一般是使用价值证明,买金条证明它的投资价值出来了。现在还有些人跟风,看黄金价格高了,把原来买的黄金饰品变现,觉得现在值了,原来买的时候80元钱或者100元钱1克,现在200元钱1克了,于是很多人把黄金变成现金,还有些人把金饰品换成金条了。黄金在涨,现在变现,钱在通货膨胀,物价在涨,不如存成黄金好。

沧海桑田,几多变迁,黄金天然耀眼的光泽在悠长的历史中从未暗淡过,黄金是财富的象征,一直扮演着财富守护神的角色。但曾几何时,"二十年黄金变烂铜","边缘化的黄金市场",成了人们在20世纪最后的20年中对黄金和黄金市场的普遍印象。诚然,从1980年的最高点850美元到1999年最低点252美元,持续20年的大熊市确实让黄金市场几乎"默默无闻"。同样的,在新世纪开始,黄金市场由于全球性流动性过剩引致通货膨胀高启,黄金回归成为投资热点。我深信,黄金熊市已远去,历史性的大牛市正大踏步走来。

在1980年以后国际金价一直走低,从850美元1盎司跌到252、253美元一盎司,黄金的投资价值逐渐减弱,金价在跌,这个市场逐渐被边缘化了。2000年以后黄金又到了一个上升的周期,这个周期是有原因的,可以给大家讲两个故事,大家就能理解1980年到2000年黄金为什么跌、2000年以后黄金为什么涨。1980年1月份14、15日,黄金价格在两天内突然一个大的拉升达到850美元一盎司,16日时美国总统坐不住了,当时的总统卡特发表了一个讲话,黄金上涨实际上对美元是个巨大的威胁,证明美元不值钱了美元贬值了,卡特讲话推行"强势美元政策","强势美元政策"只是口号,它得有手段,但卡特在1980年选举的时候下台了。上来了一个新总统即里根,里根出台了两条政策,在金融市场最大的动作是推行金融创新、大力发展金融虚拟市场,为什么?因为美国1980年时在实体经济里积聚了大量的现金大量的流动性,这些流动性推高物价出现了通货膨胀,已经膨胀到20%以上,为了减轻实体经济的压力搞虚拟经济、金融创新,金融创新的结果是出了几个大市场,出现许多衍生品市场,把流动性引入虚拟市场,钱生钱,减轻实体经济的压力,这是里根做的一件事。随着金融市场的大发展,大量的流动性,钱生钱,对黄金上涨压力减轻了,所以从1980年以后黄金开始下跌,美元汇率上去了,通货膨胀减小了。里根总统做的另一件更大的事"星球大战计划",与黄金的话题不太密切,但也有关系,"星球大战"的最终结果是让苏联解体、拖垮了苏联,美国成了一个超级大国,不是过去的"两超",而是成了一个单一的超级大国。在美国强势的时候,黄金是受压制的,美国一直在推行"黄金非货币化",为什么呢?原来黄金和美元挂勾叫美金,每35美元1盎司,从1971年以后黄金推行的是非货币化,但有一个很怪的现象,美国说它是非货币,但美国的中央银行存黄金。铜不是钱,为何美国的银行不存铜?美国是中央银行储存黄金最大的国家,达8000

多吨,这非常有意思,把全世界的人给逗了,那时各国中央银行在卖金在抛售,这是1980年后大熊市的背景。

从2000年开始黄金的货币属性显现了,2000年后美国的新经济泡沫破灭,即那斯达克崩盘,美国经济迅速下滑,可是这时候美国经历的一件事也算救了它,即2001年9·11事件,9·11事件后美国开始全球反恐,先打阿富汗后打伊拉克,通过在中东的几场战争,美国拉动了本国的经济,把新经济泡沫破灭后的经济下滑又拉到经济上升的阶段。但是全球反恐的结果是美国的财政支出增大,美国一直是贸易逆差,形成美元超经济规模的发行,一个国家出口不行,一个国家的财政是借债过日子,只能印钞票,所以全球的流动性出来了,美元开始贬值,新世纪开始黄金上涨。

今天我讲四个问题:一、为什么投资黄金?二、黄金投资的种类。三、怎样投资黄金?四、黄金投资的风险。

现在是投资的年代,我国投资市场发展很快,股票、基金,现在又出了黄金,在股票和基金都下跌的时候,黄金一直在涨。黄金市场不是一个独立的市场,黄金市场是一个全球的市场,不是由中国自己定价,中国的股票市场、基金市场是自己单独的市场,受国际市场影响因素也多,但内因比外因要大得多。美国人玩股票上百年,中国才十多年,他们看问题比较尖锐,投资大师吉姆·罗杰斯2007年10月26在上海表示:目前中国的泡沫正在孕育,这是一个潜在的泡沫,如果这个市场这么急速地增长,那将是一个不好的情况,这种泡沫破灭的时候非常惨痛。这个孕育过程可能比较漫长,孕育泡沫的过程就是风险积聚的过程。1989年时日本的经济泡沫非常大,整个东京的地产价格市值超过美国全国的领土,可想而知当时的泡沫有多大。日本当时是外汇储备最多的国家,拿了很多美元,美国出了一条新的规则《巴塞尔协议》,让银行的自有资本提高,因为大量泡沫是银行资本,银行的信贷规模增加了,资本充足率一调,日本一看大量的资金得从市场里撤出来，在下跌预期和人的心理恐慌的情况下，这个泡沫破了，《巴塞尔协议》就是捅破泡沫的这根针。17年来，日本至今仍没有恢复过来，日元的利率非常低，很长一段时间是零利率，利率低的目的是刺激经济，零利率推行10多年，经济也没有起来，现在只能恢复到原来的70%。罗杰斯的话也说明一个问题，金融市场大量积聚泡沫的同时，往往还有一个在商品市场，钱多了商品就要涨，商品和金融两个市场应当是商品的期货市场或者就直接叫商品市场，包括石油、铜、铝、黄金。今年到11月7日金价达到845，以今年的涨势来看，黄金价格涨了33%。打一个比方，年初买上1公斤黄金，到现在的收益是33%。国际金价和国内金价是一致的，如果用人民币买的话，因为人民币升值，要减去人民币升值的幅度。

新世纪开始黄金涨了220%，长周期的上涨激起了人们投资的热情，黄金在涨，其他的投资产品出现风险，所以说为什么要投资黄金：流动性好、变现能力强；投资、维护、交易成本低；抗通货膨胀能力强；资产搭配组合中不可缺少的理财工具；黄金资产转移方便快捷；典当、抵押容易。

黄金的流动性好，拿着黄金到何处都可以变现。着急时可以质押，银行可以当成很好的质押品。再急拿到典当行，看颜色、纯度、质量，马上可以变现。黄金和其他投资产品不一样，其他产品看得见摸不着，现在都看不到股票，股票不像黄金是个实物，还是一张纸。

黄金的投资、维护、交易成本低，黄金投资税款低，黄金买卖税也很低。体积小，价值高，不怕坏，维护成本低。

抗通货膨胀能力强，黄金是一个实物，货币是一般等价物，黄金这个等价物自身就有价值，在极端的情况下黄金还可以救命避险。有一个例子，前两天有一个报告提到说百年以来黄金和面包之间的比价关系，以前买面包可能一毛两毛，现在一元两元，说的是在国外的这种比较，百年来1克黄金买面包的量没有变过，抗通货膨胀。过去老百姓对物价上涨特别敏感，米要涨就买米，盐要涨就买盐。随着收入的增加，老百姓对涨价不像以前那样敏感了。现在猪肉、粮食、油都在涨，包括汽车的汽油还要涨，不能说什么涨价就买什么。黄金一般没有问题，随时变现，变现后可以再去买，对抗了涨价的因素。

黄金是资产组合的好工具。并不是说黄金好就把所有钱都变成黄金，黄金在资产组合中不易过多，家里不能存太多，正常来说有几根金条以防万一就可以了。黄金和其他投资产品是反向关系，学名叫"负向观"。在中国股票市场还不太明显，如果中国的黄金市场做大做强有自己的定价权的时候，也会出现这种情况。

黄金资产转移非常方便，房子要有房产证，要转移资产还有税。黄金很容易转移，给谁就是谁的，像礼品一样互相转移都没有问题，但其他资产如房产、股票有各种产权证有各种税收。作为遗产也好，黄金拿走就可以了，没有那么多法律程序，这也是投资黄金的一个理由。

刚才说的是实物黄金。现在说炒黄金，我总结了几个特点：1. 风险厌恶型投资者的新宠；2. 上班族夜里理财的对象；3. 怕麻烦者的最佳选择；4. 投机者的好玩具；5. 没有庄家的博弈；6. 精打细算者的心爱。

风险厌恶型投资者的新宠：黄金投资比较安全，平时只需多关心国际政治、经济走势，信息公开透明，投资风险小。有人不爱炒股票，觉得心里不踏实。黄金投资比较透明，不像股票有信息不对称，黄金的投资比较稳定，不像股票波动性特别强、人涨人跌，不会像股票市场出现统一都抛售的时候你抛售不出去、涨停时你也买不了的情况。

上班族夜里理财的对象：全天24小时交易，最佳交易时间是晚上。黄金市场24小时开放，最早从伦敦开始，香港、日本、美国，报价是连续的，现在我国很多银行搞的投资产品也是24小时，除了周

六、周日，美国周六也可以，因为有时差问题，任何时候都可以交易。炒股票有时间限制，出现大消息的时候可能正好是股票市场关门的时候，想卖也卖不了。

怕麻烦者的最佳选择：交易品种单一，方便集中精力进行分析。股票市场上千种，投资股票每一支股票都要研究，选择是很难的。判断和选择是痛苦的事，黄金没有选择和判断的问题，全球黄金的价格是一样的，全世界都认为黄金是财富，黄金是跨国界的，只研究黄金价格，而不会因为别人的判断影响自己，认准了自己钻一项，集中精力打歼灭战。

投机者的好玩具：可以双向做单，买涨买跌都可以赚钱，且多空机制能使你两头获利，无论是超买或是超卖都可以出单。可以做多可以做空，涨也挣钱跌也挣钱，只要方向对。咱们国家9·11推出黄金期货，但没有真正上市交易，上市之后门槛很低，老百姓很容易参与进去，比股指期货低得多，随着金价上涨黄金期货虽然也在涨，但入门五六千元就可以做一手，大众参与程度有可能是继股票之后的第二个投资产品。

没有庄家的博弈：现货黄金市场很难出现庄家。黄金是没有庄家的，不像股票每支股票都有庄家，黄金主要是观察大的消息，下面讲黄金影响因素，包括国际政治、经济、金融、投资都是黄金的影响因素。黄金有种种好处，中国有股民、基民，现在又开始有金民，未来随着中国投资市场的不断发展，各个市场的平衡发展，各个市场都会有相应的投资人群。金民将会成为一个巨大的群体。

精打细算者的心爱：国际、国内黄金市场上税收负担最轻。黄金投资不光是给自己增加财富，而且对国家有利。东南亚经济危机的时候，韩国货币贬值幅度非常大，外汇紧缺，没有流动性，发动全国献金运动，号召全民捐献黄金，捐了250吨民间黄金，交到国家变成外汇来平衡国际收支从而救了国家。我国在外汇金融领域里，随着中国外向型经济的大力发展，出口一直是顺畅的，投资也是顺畅的，造成中国外汇储备急剧增加，2007年9月份14000亿美元，现在应该有15000亿到16000亿，是世界第一，大量外汇存在我们国家，毕竟是信用货币，货币持有者是一种债权，货币本身是一种债务。咱们国家大量货币发行现在叫截汇，截汇之后变成人民币，人民币发行80%是靠背后的美元、外汇在支撑，包括欧元日元，这时候货币投放出去的，是一种信用、债务，造成中国流动性过盛，物价上涨，这是外汇紧缺造成的惯式叫"奖出限入"，奖励出口限制进口，现在是平衡，让进出口平衡，鼓励使用外汇。藏汇于民，少投放人民币，允许企业保留外汇，现在逐渐在放宽，但毕竟外汇在贬值，藏汇于民不好推行，谁愿意拿贬值的货币呀？黄金的变现能力强，某些程度和外汇是一样的，就像刚才韩国的例子，实际上藏金于民是藏汇于民的转化形式，黄金是国际结算货币，是仅次于美元、欧元、英磅、日元之后的第五大结算手段，黄金投资也符合国家大政策。投资要讲大方向。

随着股市进一步的高位震荡，以及股指期货等金融衍生品的推出，个人投资者参与股票投资赚钱的难度将日益增大。随着物价指数的升高、通货膨胀在全球的蔓延，以及黄金价格上涨带来的财富效应，投资者从"股民"、"基民"向"金民"的转变速度还将越来越快。

接下来讲讲黄金投资的起源。在18世纪欧洲黄金市场刚发展的时候是成色金，这种交易方法效率非常低。随着交易者的增加，为了交易方便，出现标准金，现在交易在国内有9999和9995、千足金万足金，标准金就出来了，多大的规格多少的成色，这时候交易报价是统一的，但这样交易还觉得麻烦，倒来倒去的，交钱拿走黄金，卖的时候再拿来黄金麻烦，搞成银行托管，放在交易所或者存到银行，来回转黄金凭证。再后来连凭证都没有了，就是账户黄金，记账就可以了。这是逐渐发展的，到现在国外黄金投资有9种：金条金块、金币、黄金饰品、黄金账户、黄金凭证、黄金期货、黄金期权、黄金基金到黄金股票，这9种在国外很全，这也是中国未来的发展方向，投资产品逐渐丰富。

咱们国内的投资品种有实物黄金、纸黄金、保证金T+D交易、黄金股票，黄金期货（即将上市）。实物黄金、金饰品和黄金工艺品，从投资角度意义不大，买金饰品的时候比黄金价格要高，因为里面有人工费、加工费、工艺费。现在很多人把金饰品变现，变现还需要交钱，现在金饰品230或240元，在小的加工点搞回收170、180元，折价太高了，什么时候能涨到230元？超过这个价格才能获利呢。现在还有些人将金饰品换成金条，换成金条就是投资吗？金项链就不是投资吗？不管什么用途什么形状，只要是黄金都有投资价值，金项链到什么时候也能变钱，我不主张换，要投资重新投，升级换代。金币有储值金币和纪念金币，有些纪念金币限量发行，我个人的看法是纪念性金币有收藏的一些成分，溢价很高，但出现大的危机、灾难，别人看不到纪念意义有多大，而只看含量有多高，盛世收藏乱世金，真到乱世的时候，我感觉还是看实际重量。而且你真拿纪念性的东西抵押，人家可能还不懂，人家就看含量。金条也有投资性金条和纪念性金条，和金币类似。金条投资品种现在非常多，很多银行、黄金类公司都在做，实时报价、实时买、实时进货，现在也是一种热潮。工商银行：50克的小金条，1000克的AU99.9金条。中国银行：2008"奥运金" 限量发售，收藏价值尤为突出。农业银行：A类标准投资金条"招金进宝"和B类标准礼品金金条系列，30克、50克、100克和200克，C类礼品标准金"孔方兄"模式，2克和5克。建设银行："龙鼎金"。招商银行：高塞尔金条 2盎司、5盎司、10盎司。咱们国家放开黄金饰品市场是1982年，结婚都买黄金饰品，好像是从众心理一窝风，进行攀比。现在逐渐投资热，需求逐渐在转向投资，这也是个趋势，银行以后不光卖饰金，也让你炒金，这就是纸黄金，纸黄金现在没有做空机制，基本上是涨，像股票一样，但稳定一些，不会上窜下跳让你不踏实。纸黄金从交易上来说中间也有个点差，这个点差在各个行业不一样。举个例子，如果买100克纸黄金，如果你是190元买的，涨到200元，并不是每克挣10元钱，中间有个点差，单向点差有的是0.45，买一次卖一次都有，价格涨过点差你才赢利。"纸黄金"是一种个人凭证式黄金，投资者按银行报价在账面上买卖"虚拟"黄金，个人通过把握国际金价走势低吸高抛，赚取黄金价格变动的差价。投资者的买卖交易记录只在个人预先开立的"黄金存折账户"上体现，不发生实金提取和交割。中行的"黄金宝"、工行的"金行家"、建行的"龙鼎金"个人账户金交易都属于这个范畴。

T+D保证金交易，根据上海金交所公布的有关规则，现货延期交收（T+D）是指以分期付款方式进行，会员及客户可以选择合约交易日当天交割，也可以延期至下一个交易日进行交割，同时将引入延期补偿费机制来平抑供求矛盾的一种现货交易模式。即投资者可选择合约当日交割、合同延期交割两种交割方式，买卖双方申报交割的数量一旦不相等，就通过中立仓、延期补偿费机制满足交割。现货延期交收建议在合约到期后几个交易日内完成，延期交收交易的涨跌幅暂定为7%。T+D是上海金交所推出的一个交易产品，从2005年7月份才开始个人参与，而且是通过银行的会员，金交所有三种会员：银行会员、综合类会员、自盈类会员，自盈类会员不能代理客户，综合类会员能代理企业，银行会员能代理个人。这里面有做空机制，买多买空都行，现在在各行推出来的情况下，费用非常低，只有万分之七，手续费很低，比股票印花税、交易中心收的钱低。但现在因为还不是期货，里面有成本问题有一个递延费，如果你买了一个黄金，买完之后不卖，要交递延费，虽然费用很低，但你总不卖的话，递延费在逐渐增加，在黄金期货没有出来之前相当于准期货。

我国黄金期货即将推出，正在积极准备中。黄金期货是一种保证金交易，黄金保证金交易是指在黄金买卖业务中，市场参与者不需对所交易的黄金进行全额资金划拨，只需按照黄金交易总额支付一定比例的价款，作为黄金实物交收时的履约保证。黄金期货其实很简单，就像买汽车，买汽车的时候你交了5%保证金，保证过一个月提车，到一个月的时候汽车价格涨了，你就可以把汽车卖了，正好有别人来买车，你的车价涨了一万元钱，别人给你8000元钱，你把交定金的条给他他去买车，期货就是跨期。

所谓黄金股票，就是黄金公司向社会公开发行的上市或不上市的股票，又称为金矿股，是黄金投资的衍生品之一。由于买卖黄金股票不仅是投资金矿公司，而且还间接投资黄金，因此这种黄金投资方式既具有一般股票的共性，还具有黄金投资的很多优点。黄金是矿产，有半生金。黄金股票和黄金有相似的地方，黄金股票效益更大，黄金涨一点，股票涨得多，研究黄金的既要研究股票的基本面还要看金价、宏观面，要关注得多，要求分析能力、技术能力、专业能力比较强。

刚才讲了这么多，再说说国内黄金投资品种的比较：金饰品不是投资之选；实物金条保值性突出；金币重在收藏价值；纸上"谈"金获利大；黄金T+D，收益大风险也大；黄金期货即将推出，备受关注实物金，适合长线投资；纸黄金适合中小投资者；黄金T+D、黄金期货，收益与风险同样放大。

实物黄金适合长线投资，确切地说就是收藏，没有大事不会卖，这是一种保证。我有个香港的朋友，他原来是越南华侨，1979年越南排华时逃到香港，他家里非常有钱，在越南时是个富翁。越南排华是因为大量华侨在越南的经济体系里占有分量，他们想清除华人对社会的影响。这些越南华侨走的时候到各地收金子，因为拿越南钱，当地政府层层克扣。救他们一家人的还是金子，一家人包了一条船，家里人带了一些细软上船了。当时海盗非常多，这些越南华侨往外走时都带了大量的金银财富，他们被劫了，海盗说每条船要劫多少金子，没有金子就扔海里，他们有很多黄金，就交够了海盗要的，安全到了香港。到香港之后把黄金变现之后重新做，几年之后东山再起。实物黄金属于压箱底的，也不适宜放在家里太多。纸黄金可大可小，可大资金进入也可以小资金进入。黄金期货属于衍生产品，有杠杆效应，业余选手投资黄金如果没有确切的把握还是少做，让专业投资选手做，逐渐练熟后再大量介入。

黄金投资背后是金子，从2001年开始黄金均价在双倍上涨，均价2001是271，2002年是309，2003年是363，2004年是409，2005年是444，2006年是603。今天早晨是794，今年金价很长时间在800一盎司，今年均价应该能达到700。

纸黄金如何操作？可分两种类型。稳健型：就是根据对行情的判断，在趋势初期和末期投入较少资金，在趋势中段，也就是一般投资者最容易把握的行情中投入较多资金。例如，我们可以将资金分为10份，按照2、3、3、2或3、5、2这样的比例逐步建仓。现在有很多投资黄金的人买金子，也可以在网上做，纸黄金买了之后卖基本上还是一张纸，提不了现货，有的公司有提货的炒金，也是从账上做。从稳定性来说，黄金价格每次上涨都有预兆，不像股票无法分析，把黄金当成股市里唯一一支股票或者黄金市场唯一一支股票，如果你判断出黄金要涨，在某个短周期来做的话，把资金分成10份，以2买进再逐渐加仓，完成建仓的过程。炒黄金涨一拨没有赶上也无所谓，跌一拨再买进是建仓的好机会。或者是3、5、2，刚开始试探性地买，看是涨还是跌，到最后能拉平你的投资成本。激进型：如果投资者对自己的判断信心十足，并且收益预期较高，那么就可以在趋势初期投入较多资金，以把握住大部分行情，使收益最大化。例如，按照4、3、2、1或5、3、2这样的比例逐步建仓。由于每次建仓的数量少于上一次，所以这种建仓方法又被称为金字塔形方法。可以在趋势出现的初期大购进，一拨行情可以拿到一个大的，可以按这个比例4、3、2、1或者

5、3、2，是个建仓过程。抛也是这样，倒过来就可以了，在任何投资里，这种风险很大，如果方向错了，连补救的机会都没有。固定金额法：如果投资者认为自己对趋势的把握能力较差，或者没有过多精力观察行情发展，就可以采取这种较为简单的建仓方法。也就是每次投入固定比例的资金，如1/3或1/4。

怎样投资黄金，有一个价格判断，黄金协会黄金投资分析师专家委员会有个执业叫做黄金投资分析师，基本是按国际地缘政治、国际经济、国际金融、国际投资的顺序。黄金是政治金融，对政治非常敏感，政治局势紧张尤其是重要热点地区，黄金价格反应非常强烈。现在重要地区是伊朗，伊朗原油储量占全球的10%，伊朗周边原油储量占全球的70%，这个地方出事，原油价格会涨，物价会涨，黄金价格会涨；国际经济因素，看经济的发展，如果美国经济发展非常充分，通货膨胀物价指数低，金价是下跌的，相反金价涨；再看国际金融，美元和欧元，以前美元是主导货币、霸权货币，现在多了一个竞争对手是欧元，欧元出来之后美元开始显示出它的疲态，欧洲和美国经济规模差不多，欧洲不是统一的国家，和美元比有点劣势，但欧元现在非常强劲，从欧元诞生，2002年进入正式流通，从0.8美元可以买1欧元到现在1.47美元才能买1欧元，说明两种竞争的货币都在通过货币配置资源，如果一个国家能控制货币，靠出口货币把别的国家的资本控制在自己的国家。中国大量廉价产品压低了美国的物价没有涨上去，靠另一种货币作为自己发行货币准备的时候，国际化道路就该曲折了。中国作为最大外汇储备国家，黄金储备非常少，投资类的现在也不高，2006年没有越南高，去年中国是5吨，越南是15吨，日本是30吨，印度是最高，黄金藏在民众手里和国家手里都有利于国家，都可以避险；国际政治因素，别老觉得一打架黄金价格就会涨，打架之前会涨，2003年3月美国发动伊拉克战争，没有明朗之前正在搞核查正在给萨达姆施压的时候金价涨，真正打起来，美国进军非常顺利没有遇到反抗直接进军巴格达，黄金跌，随着美军大量进入、无法控制局面，金价又开始涨。研究黄金要看大事，研究国际的大形势，多看报看电视从网上查一下大事，研究黄金就是研究世界。这其中很有乐趣，以前可能随便看看，现在和自己的财富挂在一起，人就有动力，既学习又挣钱，何乐而不为？

最近比较热点的伊朗问题，任何投资黄金的人都不会忽略这个问题，黄金价格出现大涨还是伊朗问题，从2005年5、6月份黄金价格就没有安稳过，任何一个关于伊朗的消息在黄金价格上都有反应，这个时候如果是做短线的，可以把政治方面的动向，尤其美国和伊朗这些大国的动向作为自己的买卖点。风险控制也是规避市场波动风险取得投资成功的关键因素：理性投资、价值投资、长期投资、趋势投资、组合投资。理性投资是知道它为什么涨，坚定自己的信心，不是概念不清，买了也没有信心，随时忐忑不安。理性的情况下认准了长期坚持，才能拿得住才可能获利。价格和价值投资，价格上下波动，看价值是看黄金本身的价值，参照物不仅仅是钱，还要看一般等价物，看原油。黄金长、短投资都可以，我主张黄金像拿债券一样或者像存款一样，放着就可以，比存款的利息要高比债券的利息要高，生长的期间远远没有结束，在大涨的趋势之内。随着投资产品的增多，这是一种组合配置，趋势没结束，这种结合就长期存在，存款、股票、债券、现货黄金还有一些投资产品，这是组合，不要把鸡蛋放在一个篮子里。

> 风险控制也是规避市场波动风险取得投资成功的关键因素：理性投资、价值投资、长期投资、趋势投资、组合投资。

关于原油价格和黄金价格的关系，价值投资，原油涨黄金涨，而且还有比价关系。1970年原油2美元一桶，黄金是35美元1盎司，1盎司黄金可以将近15桶原油，这个比价关系保持了很多年，随着黄金、原油价格上涨，现在平均还是这个值，但是现在出现一个现象，它们之间的比价关系变了，现在黄金是800美元1盎司，原油将近100，现在拿两盎司黄金才能买16桶原油，才能达到原来平均的比价关系。黄金价值被压制了，原油价格涨得快于黄金价格。作为简单道理，就知道黄金和原油是挂勾的，有时某一个先涨后一个跟上，这时是一个投资机会。下面讲几个例子，黄线为黄金走势，红线是原油走势，趋势基本是一致的，这是两个分立图，下面就是价格风险中判断美元指数和黄金的关系，美元指数跌黄金涨，美元指数涨黄金跌，这两天美元指数上来了，黄金下来了，美元指数就是美元的价格，美元指数高的时候是120，低的时候74，现在是77，看一下美元指数的曲线，上面是美元指数，下面是黄金曲线，美元指数和黄金是反向的，一个涨一个跌，如果想买黄金，这些材料非常好找。记住几大块，用原油、美元指数来判断黄金价格。判断价格时，美元和欧元的汇率关系，两种竞争的货币，一个涨一个跌是不用说的，美元跌的时候欧元和黄金涨，欧元和黄金价格是一致的，简单明了。黄色线是金价，底下是美元和欧元的比价，美元跌欧元和黄金都涨，黄金和欧元是正比关系，是正向观。这点是个例证，上面是欧元，下面是黄金价格，是正向观。

现在国际金融领域有一个热点，中国的股票暴跌也与它有关，是美国的刺激债，在国际金融领域是一个传导性的问题，全球现在一体化，大宗资源定价一体化，金融市场一体化，刺激债目前还没有真正暴发，出了一些苗头，长期来看，刺激债可能对金融体系的打击非常大，这几张牌如果当成多米诺骨牌的话，房价下跌房贷损失，金融机构因为资不抵债存在大量坏账倒闭，有些银行快倒闭的时候有政府来救来助资，如果一家银行倒闭有连锁反应。目前信用货币体系有极大的危险，目前全球金融市场上流动的资金是44万亿美元，这些货币在不同市场间的流向流量调整形成了目前金融市场的价格暴涨暴跌，信用货币最大的问题是不可逆，所有货币都要有利息，就是再生的钱，在银行体系创造出来，流动性过盛，目前情况下还远远没有中止。控制物价是个艰巨的问题。

黄金有这么多的好处，但任何投资都有风险，跟炒率基本相似，毕竟也是通货，虽然没有短期内的价格暴涨暴跌，但很多人以炒股形成的策略、习惯拿来炒金，有些东西是不适宜的。黄金投资风险介于炒股和炒汇之间。在当前我国经济起飞阶段黄金在资产中的比例不宜过高。持有黄金不会像股票和存款那样有股息和利息，收益来自于价格上升。即将上市的黄金期货高风险、高收益一定要有相关的专业知识和心理承受能力。股有股息，除了股票不涨，还能分点红，存款能分利息，黄金没有利息，这也是一种风险，如果不涨反而跌，还有价值损失的问题。

金价走势在全球具有统一性，国内黄金市场仅仅是一个区域性市场，不具备定价功能。投资者应该研究的是人民币对应于美元的升值幅度，与国际金价涨幅之间的关系。如果人民币升值幅度大于国际金价涨幅，则以人民币标的的金价理应下跌，投资黄金将得不偿失；如果人民币升值幅度小于国际金价涨幅，则以人民币标的的金价理应上涨，投资黄金将获得收益。人民币升值是缓慢的过程，不像黄金价格涨得那么快，用人民币买黄金影响还不是那么大。国际金价和国内金价基本上是一致的，1980年代国际金价和国内金价不是挂钩的，那时我国还没有放开，还是统购统销，当时金价也就是五六十元钱。现在国内金价和国际金价基本上是持平的。汇率体制改革是2005年7月1日，人民币增值还不到10%，也就是7~8%的，人民币升值对买黄金影响不大。

> 高收益一定要有相关的专业知识和心理承受能力。只要是投资就会有风险，黄金投资也不例外，不会只赚不赔。

只要是投资就会有风险，黄金投资也不例外，不会只赚不赔。因此建立专业化的投资分析师队伍，向广大投资者宣传科学的投资理念、正确的投资方法，有利于我国黄金市场健康发展。 健康的黄金市场将会增强我国金融领域的抗风险能力,大众参与的黄金市场有利于"藏金于民"政策的实施,有利于人民币的国际化。让我们期盼全民参与的黄金投资为中华民族的伟大复兴提供坚实的物质基础!

张卫星

毕业于北京大学。1996年投身股票市场。是中国证券界的知名人士,中国股市特殊的"股权分裂"现象的最早发现者之一,并提出了完整的分析理论体系,为此获得2002年度《南方周末》、SINA网、SOHU网、深圳商报等多家媒体评选的2002十大年度人物。其代表性的作品有《奶牛论》、《新淘金记》、《中国股市风险大讨论》等。

黄金投资正当时

◆ 张卫星

去年我办讲座和广大投资者介绍过投资黄金的问题,当时我讲,在这几年黄金的价格是超级大牛市,会涨得让所有人目瞪口呆。黄金价格从我当时讲座时的600多美元(折合成人民币是150元/克),经过半年多的时间到现在已经涨到1000美元左右。我的预测得到验证。

通过购买黄金能获得比较好的收益,黄金价格的上涨刚刚开始,黄金的牛市也才刚刚开始,在未来几年黄金价格的上涨会让所有人目瞪口呆。我在金融证券做了这么多年,一直在预测和分析,不预测就没有办法做决策,如果要投资要收益就要预测。我的预测是黄金价格在未来的三五年之内会达到600－800元人民币/克、2000－3000美元/盎司,在现在价格的基础上有两到三倍的上涨空间。

今天要给大家讲的题目是"黄金投资处于大牛市之中",让投资者大胆投资黄金。可能有人会说我信口开河,我把为什么能够推导出黄金价格上涨的逻辑解释给大家,让诸位听众能够推导出黄金价格能够涨到什么程度,是否能达到我说的程度。今天我会把金融分析和金融逻辑推导的内容给大家讲清楚,教给大家一些方法和思维方式。

在讲黄金之前我先讲讲股市和我个人的一些经历。中国股市最近出现大起大落，现在处于大落的阶段，在过去17年的历史中很少遇到今年这样暴跌的情况，竟然在半年时间内由创出新高的6100多点，暴跌到现在的3100点左右，整个跌幅跌了3000点，下跌幅度超过50%，这在全世界都是比较罕见的，我认为是中级规模的"股灾"。

很多投资者都觉得中国股市出现现在的现象很奇怪，下面通过我个人的经历给大家讲一讲为何会出现这种情况。我最早进入股市是在1995年，开始研究股市然后进入，我在中国证券市场有一定名声，这个名声主要是怎么获得呢？主要是通过几件事情。在1999年我预测股市行情会出现大牛市，1999年5月16日发表，三天以后暴发了中国股市非常壮观的大牛市即5·19行情。这是我第一次写文章，用一些方式方法分析逻辑推倒最后预测成功，这是中国股市十几年历史上第一次有人提前准确预测行情的文章，也是我第一次被市场认识；第二件事是很多新股民不太了解的"股权分制"，在1993年牛市、1995年、1996年、1999年牛市进场的大约有6000万中国股民，在股市呆了七八年以上的老股民都知道股权分制的问题，现在的股民是一批老股民一批新股民，几千万的新股民可能不太了解股权分制，而股民中投资损失最大的就是一些新股民即2005、2006年开户的股民，新股民看到股市里的钱非常好赚，但没有注意到风险，没有注意到这个市场中暗藏杀机，这次股市的暴跌，新股民损失最惨重，其实就在为他不懂的东西即股权分制付学费。

股权分制和股民的利益关系比较大，股权分制是我最早发现的。1999年时我研究股票，要投资股票必须把风险搞清楚，不搞清楚风险，投资是非常危险的，把钱放到你不知道风险在哪里的市场，你的钱肯定会损失的。于是我就研究股票这个市场有什么风险会导致我投资损失，研究到最后就发现中国股市搞错了，中国在建立股市时把股市搞成了世界上没有的模式，变成了政府的圈钱陷阱，是大股东盘剥的怪兽，中国股市存在世界上没有的体制即股权分制，在这种情况下股民是不会赚钱的，偶尔赚的钱最后也会连本带利倒回去。中国的股票和美国完全不一样，从我们理解的经济学角度来讲，比如美国的微软公司所有股票都是一样的，不管由谁持有，不管是扫大街的清洁工持有的微软公司的股票，还是比尔·盖茨持有的微软公司的股票，或者布什总统持有的微软公司的股票都是一样的，这是普通股，大家在股票上是一样的，没有任何不同。在中国就变异了，中国股票市场不是中国自己产生的，我们的股市是学习西方的，但中国社会和西方社会有巨大差别，在很多方面都不一样。我们在股市建立过程中犯错误，因为是欧美这些国家创造的股市，我们在学习的过程中必然有自己的理解、变化和改良，把事情组装出来就出现一个大的问题，中国股市会搞错是因为把西方所有元素串起来了。

我在北京和巴菲特对话时写过一个东西，中国股市为什么搞错了、在结构上出现大的问题、离不开市场暴涨暴跌、中国股民鲜有从股市中有收益的原因，我把这些问题全部解开了。我当时拿了一张纸，纸上写着巴菲特和他合伙人的名字，没有按照从左到右的顺序，而是按照中国古代从上到下从右到左的顺序，写了一个25个字母的矩阵。巴菲特的合伙人看了半天没有看出来是什么，我说就是巴菲特和合伙人的名字，只是没有按照西方人从左往右的习惯写，我把英文字母按照不同的方式写出来之后，巴菲特和合伙人连他们的名字都不认识。中国股市是一样的道理，我们把西方所有的要素都拿过来，但没有用美国的逻辑而是用中国的逻辑串起来。就如同我写的巴菲特和合伙人的名字一样，所有字母都有，但没有按照从左往右的方法，而是用中国从上往下从右往左的方法，他们同样不认识。中国股市很糊涂，一会暴涨一会暴跌，在跌荡起伏过程中我们的钱就不见了。

中国股市为什么会出现股权分制？西方股票市场是平等的市场，中国股票市场的问题就是股权分制，我们把股票进行了阶级划分。在秦始皇时代就给中国社会注入了阶级的基因，现在仍然没有改变，一直是官分九品。直到今天，依然有这方面的遗迹。部长和省长的待遇有区别，部长坐帕萨特，省长坐桑塔纳，和过去县长坐两台大轿、巡抚坐八台大轿没有区别，都是一种规制，是有规则的。这个思维方式不是我们国家故意这样的，你只要身为中国人，每个人都有这个基因，每个人都会做阶级判断。举个简单的例子，西方所谓的圆桌会议就是讲究平等，互相协商达成意见，这是西方民主最基础的东西。中国也有圆桌，但我们的圆桌会议太有意思了，我们可以观察，单位宴请嘉宾一行十人到餐馆吃饭，十个人进场时每个人的大脑都在进行最高速度的预测，在桌子上画阶级，哪个是主座、哪个是陪座、哪个是主人的、哪个是客人的，依次的阶级是什么，我该坐哪个位置。中国人很神奇，在圆桌上都能画出阶级来。在中国古代阶级是怎么产生的？皇帝面南朝北坐在最高层，文官武官依次下去有坐着的有站着的。在圆桌上也能划分出阶级是中国人的本性，西方人永远不理解。我们要认识我们的人性，我们把西方所有东西搬过来，一定会按照我们的方式来划分。西方股票是平等的，不因为你是总统、大股东或者平民就有任何区别，在公司里每张股票都是平等的。但中国不一样，中国人认为股票不平等，国家持有的是国家股，法人持有的是法人股，老百姓买的就是公众股，依次划分。中国上市公司的股票是全世界最有意思的，竟然多达10多种，一家公司的股票分成国家股、法人股、自然人股等等，自然人股和社会公众股是有区别的，国家股和老百姓购买的社会公众股不一样，外资法人股也不一样。中国股市实际上是一个阶级社会，处于最高端的是国家，非常类似于过去的皇权等等，最后是草民。我曾经对中国人所称的"股民"有异议，觉得持有股票应当是"股东"、是这家公司的主人、是投资者，为何要叫"股民"呢？原来我

> 部长和省长的待遇有区别，部长坐帕萨特，省长坐桑塔纳，和过去县长坐两台大轿、巡抚坐八台大轿没有区别。

觉得是中国人理解错了，后来我发现是我错了，社会大众对自己社会地位的判断非常正确，股民和草民没有什么区别，人们对自己地位的认识非常清楚，我们就是草民没有发言权只有掏钱的份。股民就和过去的草民一样，最后一个得到信息，老实把钱拿出来增资配股，却是最不可能获得利益的。阶级股票有国家股、法人股、外资企业股等等，到最下面是社会公众股。

搞股权分制就是要消灭不平等，我倡导一种思维方式，即非流通股拿出来和流通股一起，理念是我最早提出来的，后来被国家采纳（我曾对此申请专利，国家专利局6年不批我的专利申请）。用扩股方式给股民补充，除此之外别无他法，不这样解决股市就暴跌不止，从2001年开始4年的股市大战，必须要解决这个问题。这是股权分制的历史背景。后来我的理念被国家认可，因为不这样就不能解决，现在股市暴涨暴跌还是和股权分制有关。2005年股改时我觉得和政府博弈我的风险太大。投资是很可怕的，一次损失可能十次百次才能把损失拿回来。

为什么股市暴涨暴跌？我们认为要让大量非流通股票上市流通，后来采用送股的方式，我提出一种多送股快流通的主张，给老百姓十送十、十送二十，非流通股票马上上市，达到供求平衡，这是我当时的理念，股票供应量增加，当时可能痛苦，但未来很好。但当时的改革由于畏惧或别的心理选择了低对价缓流通的政策，给老百姓十送三，而且不能流通，3年以后才能流通，2005年送2008年才能流通。这个政策把矛盾后移风险后置，以达到解决这个难题的办法，所以股票出现一次暴涨。中国30%股票在社会公众手中，70%在国家手中，社会大众多了30%是利好，所以随后股票出现暴涨。因为没有非流通股干扰，股票数量没有增加，钱出来的多了，热情过来了，即2006、2007年的开户热。排队给送钱，因为不知道风险情况，政府是有问题的，没有告知3年后非流通股上市风险自担，大部分人不知道风险，只看到股票挣钱，通过基金或者其他方式把钱全扔进来，钱非常多非常大，股票数量非常少，供求失衡，这是2005、2006、2007年暴涨的原因，一下涨到6000点去了，因为当时股票供应不上发行也供不上。经济增长，老百姓存的钱从银行搬到股市只需要几分钟的原因。在1000点的时候我们苦口婆心地劝老百姓买股票买基金，老百姓用狐疑的眼光看我们，我们那时建议买股票基金非常难；到6000点时大家都不怀疑了排队去买，基金原来卖不出去，后来要申购、分号。暴跌的原因也很简单，所有活钱全部投进去股票市场了，这时风险出现了，2008年到了，就面临非流通股上市的问题，今年和明年有大量非流通股上市，几十元钱买的股票，大股东可能只有几角钱的股票现在要卖几十元几百元钱，一部分公司的股票已经开始卖了，宁愿不当总经理也要卖股票，当总经理每年不过几百万元钱，卖股票能达到几亿，中国股民不知道怎么回事就接盘了，中国新股民的崛起在为股权分制的后遗症买单。政府应该早就想到中国股市的问题，在3000点的时候就应该加大供应量把牛市的疯狂（现在应该说是失控）控制住，用非流通股上市来冲销暴涨失控，但是没有举措把点数压住，大家都在虚假的环境中狂欢。一年前1000多点，一年后6000多点，这是不正常的，现在是暴涨后的暴跌跌到3000点。

现在就是风险自负，这对老百姓非常不公平，逻辑上，风险自负、赔钱不能怪政府，这是没有错误的，但政府并没有告知一些风险，比如非流通股没有上市，造成投资者什么都不知道就投资，属于送钱。暴跌到这种程度，3000点位置破一下差不多，下跌空间不会太多，但上涨空间很难讲。好不容易把这群人送到山岗上，这个人群很多量很大，每天交易量3000亿持续了很长时间，解套了换另外一批人，那么另一批人在哪？从金融市场的特点来讲就是这样，这么一次超级疯狂很难遇到。如果跌破3500点就变了性质，那时能起来还是良性的，现在跌到这种程度已经是恶性的了，3000点不到2900点是比较关键的技术位，要支撑住，还是要依靠政策。中国股市是病态的，没有政府政策不知道怎么办，但从市场来讲也涨不到哪去，因为高位上全是套牢盘，除非一些散户全部割肉，但从时间的角度来讲可能性不大，中华民族是世界上最能忍耐的民族之一，最强的是犹太人，中国人也很能忍耐，忍耐力非常强，在这种情况下割肉不会迅速解决这个问题，还要在上面套牢一些时间，直到有些人忍不住割肉走了。5年的时间跌下来有的人在1000点割肉走了，刚被套住不会走的，现在大部分人还是被套住不会走，这是我对股市的判断。在年初的时候有人问我怎么看，我没想到会跌这么狠，我当时在关注黄金对股市只是个判断，在金融市场大多数人做的行为是错的，有人认为应该趁奥运会投资，奥运会没有行情只有调整，金融业就是少数人赚钱，所有人在憋坏，别说投资经济增长那都是谎言、幌子，2006、2007年漠视风险不学习就想去挣钱，就是想奥运会时把股票卖掉想赌奥运，认为奥运会之前政府不会让股票跌会让股票涨，奥运会时把股票卖给傻瓜，认为奥运会的时候有些傻瓜会来买股票，就把10、20元的股票卖给傻瓜，很多人都有这样的想法，从内心深处就是这样想。但那些傻瓜存在吗？当所有人们都在预期结果的时候，结果一定是反向的让人失望的，所以我认为奥运会之前不要买股票，但没想到会跌得这么深这么急，奥运会结束了，割肉吧。我认为奥运会开得快完的时候是买股票的好时机。

金融市场特别有意思，从人性和心理学来讲的话，要在金融业做出成绩，要逆势而为，要有大的对社会群体思维方式的分析。

中国股市造成全世界没有的法人股、国家股等分类，和我们的社会结构是有关的，股市在中国才十几年，我们就能建立和西方一样的股市吗？不可能的。西方股市和中国文明的结合没有50年不可能完成，在这几年中暴涨暴跌人民不断交学费的事情不可能结束，我们在不断交学费是很正常的现象，只不过如果你是股民的话学费会交得很高，因为你是社会最下面的阶层，是股市结构最底层的阶层，学费肯定最高。

  我们要转到黄金投资的原因就是这样，2001年时我觉得股市不好玩，玩下去的话会非常难办，除非和政府的决策层有一定关系，能掌握一手信息能挣到钱，不然不知道怎么才能挣到钱。那时股市不行还有什么可以做呢？就走向国际化，发现黄金是一个非常好的投资品。黄金是我所看到的很纯粹的一个市场，用你的知识智慧能够真正挣钱的市场，不用担心政策，也不用在美国总统布什的办公桌下面放一个窃听器，这是黄金市场最大的特点。全球化、国际化、纯粹的市场经济，是黄金的特点，我研究时爱看别的思维方式，我研究过黄金和石油，后来专注到黄金，因为我做不了石油，在北京时我做过石油。2001年石油2.5元/升，我们都知道一瓶矿泉水1元钱，有些景点区甚至卖到3元钱，汽车工业发展迅速，石油肯定要涨。我开车每月将近一千元钱油钱，我觉得石油肯定暴涨那就屯积吧，于是我拿了很多钱买了很多中石油发行的油票，我一算有五六年的时间不用买油，后来石油价格涨了，我正为自己的投资行为高兴的时候，中石油发了一个公告，说买油票的人年底不用完就作废了。这是我投资的失败，只能把油票交给中石油退回一些钱，而且是按购买时的价格退钱。中石油毁约但没有人追究，我付清了所有的钱拿到油票，国际油价涨了之后中石油没有屯积是它的过错，它不自己承担这个过错让老百姓承担，油票要么作废要么收回。我们仍然是草民，没有办法解决。中石油　公告，我们只能老老实实交回油票，本来投资成功的事情一下子就变了。

  我发现黄金和国际市场是接轨的，上帝的英文是GOD，从经济学角度来讲，第一个G是黄金GOLD，第二个O是OIL石油，第三个D是DOLLAR美元，黄金、石油、美元又叫黄金、黑金、美金，黄金石油是现代工业基础的命脉，上帝在金融界就是黄金石油美元，这就是商业。

黄金会有大的暴涨，黄金到现在是不能合成的天然产物，和钻石不同，钻石能合成，但黄金不能合成。我是北大物理系毕业的，从物理学角度来说合成黄金非常难，人类自始就有点石成金的梦想，人类很能干，发明了电脑、汽车、飞机等等东西，但点石成金依然是梦想，并不能发明一个放进废铁就会变出金条的机器。黄金是天然的产物，黄金很沉，自带防伪，中国人造假能力天下第一，但很难造出假黄金。黄金掺东西就变轻，质量不一样就变胖，高比重是黄金自带的防伪功能。黄金具有延展性。在投资领域里面黄金用百分比的表示方式，在手饰中用K金的方式表示。900多美元一盎司黄金，一盎司是31.135克，和中国过去的老两非常一致，中国古代计算黄金用两，俗话说"黄金万两"，中国古代的两是多少克呢？一斤16两并不是现在的一斤10两，一两31克多一点。国际计量黄金用的是盎司是31.135克，中国人计量黄金也是31克。中方和西方差别很大，在黄金上却达成奇妙的统一。在人类五千年文明史上黄金是非常标准的，有多少人有多少金子，一人分一盎司，到目前为止有16万到18吨之间的黄金，每个人就分1盎司黄金，上帝分给每个人的一两黄金就是一盎司黄金，如果你没有黄金，那么就在别人那儿。在金融领域黄金领域，每个人就是一盎司，折合人民币大约六千多元钱。

黄金到目前为止是人类社会上最复杂最有意思的一个东西，是唯一一个脚踩三只船的东西，黄金具有三个主要功能：一是货币功能，二是金融功能，三是商品功能。黄金也是人类社会第一个完成价格统一的物品，比如汽车，中西方购买价格是不同的，我自己开的Q7在国内购买需要100万，在国外可能只需要50万。只有黄金价格是一模一样的，国内价格和国际金价是一样的，黄金真的是很好的东西。一吨黄金3万多盎司大约要2亿人民币，四个投影仪摞到一起大约是一吨黄金。现在屏幕上显示的是美国、德国、法国、意大利的黄金储备，美国有8000吨，德国3000吨，越发达的国家黄金越多，越不发达的国家黄金越少，黄金是嫌贫爱富的东西。这是我国国家外汇储备，刚刚银行公布的数据是1.7万亿美元，黄金的价格是3000万美元，这是各个国家的储备，中国、日本、台湾都存美元，黄金占的比例最低。

  历史上有一个小故事，有助于帮助我们了解为什么要投资黄金。黄金一直被当作货币在使用，从古埃及到现在都是这样。英国1717年直接变为货币，德国、法国、美国、俄国都是金本类，黄金就是货币，所有买卖支付都用黄金支付，黄金具有三大功能：货币功能、金融功能、商品功能，在金本类时代货币功能最突出。中国没有实行金本类但实行过银本类，最典型的代表是袁大头，袁世凯把自己的头像刻在银子上发银元用银元买东西，所有的东西用银元来计价，袁世凯死了，但袁大头依然在流通，一直流通到民国以后，银元与政府倒台无关，白银的价值不是袁世凯赋予的。当年北京被日本军队占领，流通的货币是日本军票，日本人赋予军票货币性质，日本人被打败了，日本军票就是废纸。金本类一直延续到1930年，后来崩溃了。金本类也有纸币，但所有纸币和黄金之间可以兑换，银行有多少黄金有多少纸币，拿纸币可以到银行把黄金拿回去，这就是对金本类简单的理解。1944年5月美国和大约44个国家代表签订了一个制度，当时"二战"快结束了，国联开会，其中一个会议关注货币，各国怎么发行货币？当时希特勒、日本要打仗，受侵略的国家要对抗要搞军火，欧洲和亚洲在打仗，只有美洲没有打仗，只有去美国买，出现一个什么现象呢？全世界各国政府一船一船地把黄金运到美国然后运战争物资回来，美国控制了全世界75%的黄金，人类历史上从未遇到过黄金如此集中到一个国家的现象。在欧洲时代有多少黄金印多少钞票，各个国家用黄金做交易，现在所有钱都在美国，美国想了个办法，说各国政府可以参观一下美国的金库，几万吨黄金都在美国，美国做一个新的经济结构，承诺美元和黄金挂钩了，35美元可以拿一盎司黄金，各国随时可以拿35美元换黄金。然后借给各国美元，如果怀疑美元就可以换黄金,各国看美国有那么多黄金就借美元拿回去,法国有10亿美元,放在那儿就可以印法郎,按1：5,五个法郎换一个美元,就印50亿法郎,钱怎么值钱?政府和老百姓解释我们法郎和美元的关系是五个换一个,如果你认为法郎不值钱可以兑换成美元,如果你对美元不感兴趣,35美元可以换黄金。老百姓明白了这张钱大约值多少黄金,就接受这个钱了,这样法郎就流通起来了。社会战后复苏,经济马上迅速发展起来了,欧洲人像中国人一样拼命劳动,德国人造宝马车奔驰车,装车运到美国,意大利造的家具时装皮鞋运到美国,美国将美元运到德国、意大利,各个国家的经济起来了。1944年到1946年打败日本后,美国观察团到中国,帮助蒋介石打共产党,拿一美元买一堆东西,一盎司等于31克,一盎司对35个美元,1个美元大约是0.89克黄金,中国人一算一美元就和一克金子一样,于是称美元为"美金"。美元和黄金挂钩,美元起世界货币的作用。有多少黄金印多少美元,黄金和美元是统一结算的,美国人把黄金全变

> 树根是黄金,都在美国的国库里,树干是美元,树杈等是各个国家的货币和美元相联系,美元取代了过去黄金的地位,把黄金控制在自己国库里。

了,建立了一个新的结构,树根是黄金,都在美国的国库里,树干是美元,树杈等是各个国家的货币和美元相联系,美元取代了过去黄金的地位,把黄金控制在自己国库里。美国开始膨胀,认为全世界没有人管得了他,看谁不顺眼就打谁一顿,打仗是需要花钱的,打朝鲜的后援主要是日本,美国印美元日本造武器,日本复苏主要借助于美国打朝鲜。越南和美国距离一个太平洋,美国越过太平洋打越南。后来美国看苏联在科技上老叫板,就搞登月搞原子弹氢弹。苏联和美国不一样,苏联只能用工业农业贴补,最后苏联倒了,苏联的钱叫卢布不叫卢金,美国的钱叫美金。美国拼命的造钱,法国人看着不对劲了,出口东西送到美国,攒的钱不是要通货膨胀了吗?法国总统戴高乐坐不住了,翻出1944年签的协议美国承诺对美元不放心可以换黄金,法

国人攒了那么多美元，就拿去换黄金，美国罗斯福总统签了字，因为美国国库里有很多黄金，法国人把美元卸下把黄金运走。法国人觉得很高兴，觉得美国人挺讲信用，继续出口攒美元再接着换黄金，德国也换，意大利西班牙都换。从1968年开始，到1971年的时候美国觉得不对劲，查账发现几万吨黄金被其他国家用两到三年把70－80％的黄金换回去了，库里只剩下8000吨黄金了。戴高乐号召欧洲把美元运到美国把所有的黄金运回来，当时尼克松总统开会，再给美国金融体系就崩了，没有办法只有赖账，于是宣布发现有一些金融投机分子投机黄金市场，对整个金融市场造成严重威胁，美国作出一个决策：美国的黄金窗口从那天开始关闭，以后美国不再换黄金。很多年轻人不知道这件事情，中国人对此更是很无知的。美国现在就剩下8000吨，欧洲一些国家2千3千吨的黄金储备就是那时换回去的。

　　黄金出现第一轮的大牛市，从1971年开始黄金出现黑市价，1976年达到200美元，后来涨到850美元一盎司，这是人类的第一次黄金牛市，这个牛市持续了十年的时间。香港的情况比较明显，80年时金店老板一提黄金就兴奋，说是"温热"的黄金时代。他开的金店在80年代出现排两条队的情况，短的队是卖金子的长的队是买金子的，纸币在贬值，只有买金子才管用。金店把散金放到钢锅里一融往模具里一倒一根金条就出来了，顾客都抢着要，刚出来的温热的金子就给了顾客。很多人认为黄金不会涨，不是不涨是时候未到，历史上黄金价格暴涨过一次，十年时间翻了24倍，那时中国还没有开放所以不了解。历史要重演，中国改革开放，拼命生产出口给美国，然后拿回美元。改革开放二十年，我们不断让美国人过上幸福的生活，我们也攒了很多美元，中国现在攒了1.7万亿美元，1吨黄金大概3000万美元2亿人民币，如果是1.5万亿的美元现在折合成黄金是5万吨，中国美元的储备数能够换回的黄金是5万多吨，美国现在只有8000吨黄金，美国这几年打了好几场战争，干了很多事情，这都需要钱。上个世纪是欧洲人拼命攒美元,现在是亚洲,美国印了非常多的钞票,现在钞票主要在中国(包括香港和台湾地区)、日本、泰国、韩国、印度、马来西亚,美国撕毁合约后不兑换黄金,那是第一次大的牛市的基础。这是第二次大牛市,加上美元泛滥的规模,这次牛市的规模大大超过上次。美元泛滥,黄金保值和稀缺再次被重视,因为这次参与的国家多资金规模大,这次牛市要远远超过上次。在上次牛市的时候从1971年到80年涨了24倍,这是第一次牛市。中国政府讲外汇储备是巨大的财富,全人类历史上没有一个国家拥有这么大的财富,美元一贬值,总理说我们对怎么样理好这笔财富倍感压力,这笔钱不理好就会因美元贬值大量损失,我们可以买石油买飞机买土地买铁矿石,但一直没有实施,石油到115黄金到1000,铁矿石中国因为涨了20%不买被日本韩国的企业买了,现在涨了65%,美国政府不会把黄金卖给你,这是第二次牛市的基本因素,要讲逻辑,背景的因素我已经讲清楚了,价格的因素也讲清楚了。黄金的牛熊市的周期都是以十几年为单位的,不像股市,黄金的牛市要持续十五六年,价格涨到2300以上,最高可能到3000。这就是为什么让大家投资黄金的原因。黄金200元钱/克非常便宜,中国黄金价格的形成一直从1982年才开始开放,1985年我们才能买到一些金首饰,那时70、80多元钱一克黄金,当时我父亲的工资是一个月79元钱,有些人买金戒指是85元/克,现在我父亲的工资到了5000多元钱一个月,涨幅低于10倍的东西几乎找不到,有一个就是黄金,用几千元钱的工资去买100多元钱的黄金,黄金非常便宜。

  黄金一定涨,而且会涨不少钱,所有物价都涨,为何黄金没有涨那么多呢?涨价是有一定次序的,人的需求是衣食住行,为什么不是食行住衣或者行住食衣的次序呢?一定是先衣后食后住后行,人是社会型的动物,穿衣表现社会地位。从70年代改革开放,第一批发财的是倒爷,人的第一需求是衣服,倒爷倒衣服卖挣到了第一桶金。人们穿得五颜六色之后,开始去饭店吃饭,人民群众从面有菜色到肥头大耳，开饭店的人发财了。穿得不错吃得也不错，开始考虑住了，房地产开始发财。注重行的时候，油价开始涨了。中国的祖先已经告诉我们衣食住行的次序了，现在衣是最小的开支，食又讲究清淡，有房子就行了，行是很大的开支，开着车每个月需要两千元钱油钱。70年代衣服涨价，80年代吃饭开始涨，90房子开始涨，以后石油肯定会涨。人的基本需求之后是投资储备的需求，要考虑是不是有钱能够保证衣食住行的标准。投资储备，黄金是其中之一，黄金是最后涨，为何黄金在70、80年代不涨？70年代有钱时买衣服，80年代有钱吃东西，未来怎么样？有钱要投资，这时才产生需求，黄金从去年前年才开始涨，涨到多少？在一轮价格形成到另一轮价格，整个周期可能要二三十年，但要完成十倍的涨幅，我们是十进制，因为你有一双手十只手指头，工资物价房产都会完成十倍的涨幅，黄金也会完成十倍的涨幅，黄金最少涨十倍，人们投资储备的需求才刚刚开始诞生，目标是完成十倍，七八年以后我们会看到至少七八百元钱一克的黄金，黄金是所有产品中最后上涨的。

图书在版编目（CIP）数据

做有心人：人生规划、职场励志与理财13堂课/樊富珉等著.
—北京：中央编译出版社，2009.10（名家讲坛）
ISBN 978-7-5117-0028-5

Ⅰ.做… Ⅱ.樊… Ⅲ.①职业选择－通俗读物②财务管理－通俗读物
Ⅳ.C913.2-49 TS976.15-49

中国版本图书馆CIP数据核字（2009）第166131号

做有心人：人生规划、职场励志与理财13堂课

出 版 人：和　龑
策划编辑：高立志
责任编辑：高立志
出版发行：中央编译出版社
地　　址：北京西单西斜街36号（100032）
电　　话：（010）66509360（总编室）
　　　　　（010）66509366（编辑部）
　　　　　（010）66509364（发行部）　（010）66509618（读者服务部）
网　　址：http://www.cctpbook.com
经　　销：全国新华书店
印　　刷：北京温林源印刷厂
开　　本：787×1092毫米　1/16
字　　数：220千字
印　　张：13
版　　次：2009年11月第1版第1次印刷
定　　价：26.00元

本社常年法律顾问：北京大成律师事务所首席顾问律师　鲁哈达